기적의 숫자 퍼즐

네모네모 로직®

3 PLUS

CONTENTS

제우미디어

풀이법

설명의 순서대로 한 번만 따라 칠해보면 로직해법을 마스터할 수 있습니다!

기본 규칙

- 숫자는 '연속해서 칠할 수 있는 칸의 수'를 의미한다.
- 한 줄에 여러 개의 숫자가 있을 때는, 숫자와 숫자 사이에 반드시 한 칸 이상을 띄고 칠해야 한다.
- 칠할 수 없는 칸은 ╳로 표시한다.
- 완성된 숫자는 ◯로 표시한다.

1

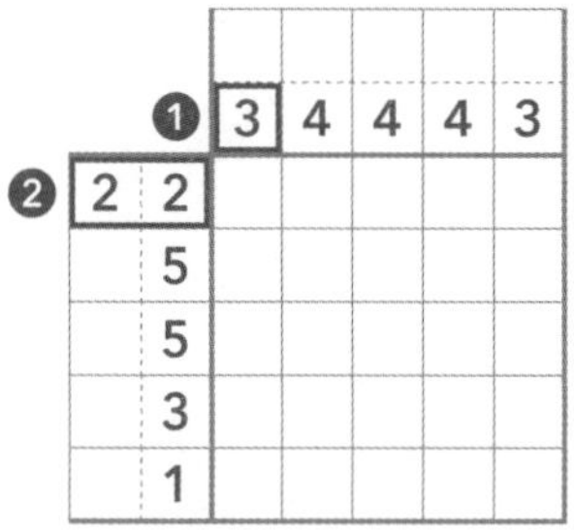

문제의 크기는 5x5이다.

❶은 세로 다섯 칸 중 세 칸을 연속해서 칠해야 한다는 뜻이다.

❷는 두 칸을 칠한 후, **한 칸 이상을 띄고** 다시 두 칸을 칠해야 한다는 뜻이다.

2

5는 다섯 칸을 연속해서 칠해야 한다. 다섯 칸을 모두 칠하고, 완성 된 5에 ◯로 표시한다.

3

위쪽의 3은, 세 칸이 연속해서 칠해져야 하니 맨 밑줄은 칠할 수 없게 된다. X로 표시한다.

4

위쪽의 4는, 네 칸이 연속해서 칠해져야 한다. **경우의 수를 따져보면** 네 번째 줄을 칠할 수 있다.

잠깐!

이 경우, 세 칸을 연속해서 칠할 수 있는 경우는 A, B 두 경우이다. 그러므로 칠할 수 없는 마지막 칸은 X로 표시한다.

잠깐!

이 경우, 네 칸을 연속해서 칠할 수 있는 경우는 A, B 두 경우이다. 여기서 네 번째 칸은 무조건 칠해진다.

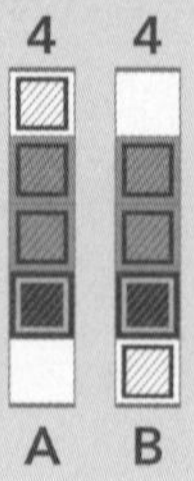

5

왼쪽의 3이 완성되었으니 숫자에 ○로 표시하고, 네 번째 줄의 양 옆을 ×로 표시한다.

6

위쪽의 3을 다시 보면 네 번째, 다섯 번째 칸이 ×로 표시되어 있다. 그럼 첫 번째 칸을 칠해야 3이 완성된다. 완성된 3은 ○로 표시한다.

7

왼쪽의 2는 두 칸이 연속해서 칠해져야 하니, 두 번째 칸과 네 번째 칸을 칠할 수 있다. 세 번째 칸은 ×로 표시하고, 완선 된 2는 ○로 표시한다.

8

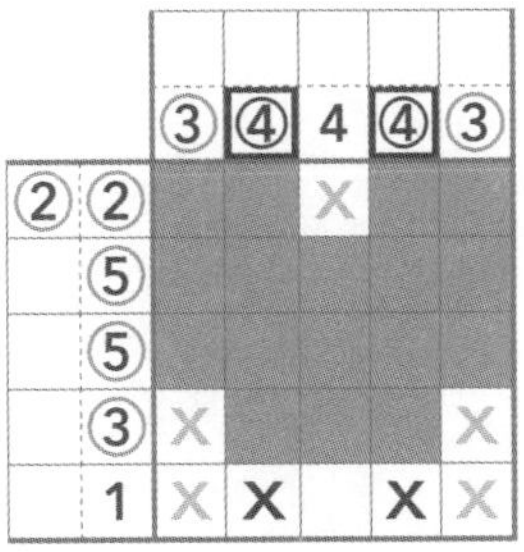

이렇게 되면 위쪽의 두 번째, 네 번째가 완성된다. 완성된 4를 ○로 표시하고 맨 밑줄은 ×로 표시한다.

9

이제 남은 것은 위쪽의 4와 왼쪽의 1이다. **맨 밑줄의 남은 한 칸을 칠하면**, 위쪽의 4이자 왼쪽의 1이 완성된다.

잠깐!

네모 로직의 문제 크기가 큰 경우, **큰 숫자부터 공략하는 것**이 쉽다.
예를 들어 문제가 10x10이고 한 줄인 열 칸 중에서 아홉 칸을 연속해서 칠해야 할 때,
전체 칸 수(10) - 해당 칸 수(9) = **빈 칸 수(1)**
이 공식을 이용하면 경우의 수를 쉽게 풀 수 있다. 여기서는 1이 나왔으니 **위아래 한 칸씩**을 비우고 가운데 여덟 칸을 칠한다.

중요한 로직 풀이 TIP!

문제의 크기가 큰 로직 중에는 위의 설명만으로 해결되지 않는 것이 있다. 그럴 때 이것만 기억해 두면 손쉽게 풀 수 있다.

위에서부터 칠했을 때와 아래에서부터 칠했을 때 겹쳐지는 칸이 어디인지를 찾는다. 이때 숫자의 순서는 반드시 지켜야 하며 점을 찍어가며 생각하면 편하다.

❶ 한 칸에 점을 찍고, 한 칸 띄고 6칸에 점을 찍는다.
❷ 뒤에서부터 6칸에 점을 찍고, 한 칸 띄고 한 칸에 점을 찍는다.
❸ 겹치는 부분을 찾아 칠한다.

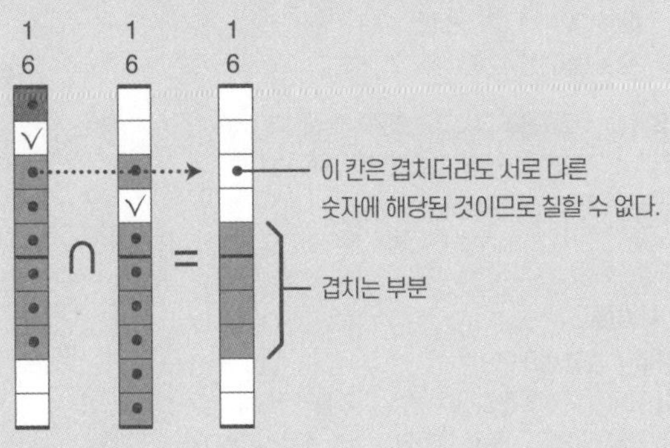

네모네모 로직® 플러스3

초판 1쇄 펴냄 2020년 12월 18일
초판 4쇄 펴냄 2023년 10월 23일

편 저 | 제우미디어
발 행 인 | 서인석
발 행 처 | 제우미디어
등 록 일 | 1992. 8. 17
등록번호 | 제 3-429호
주 소 | 서울시 마포구 독막로 76-1 한주빌딩 5층
전 화 | 02) 3142-6845
팩 스 | 02) 3142-0075

I S B N | 978-89-5952-983-4
978-89-5952-895-0 (세트)

만든 사람들

출판사업부 총괄 손대현

편집장 전태준 | **책임편집** 양서경 | **기획** 홍지영, 박건우, 안재욱, 서민성, 이주오

영업 김금남, 권혁진 | **문제 디자인** 나영 | **표지·내지 디자인** 디자인그룹올 | **표지·내지 조판** 디자인수

※ 값은 뒤표지에 있습니다.
※ 파본은 구입하신 서점에서 교환해 드립니다.

A1

15×15

누르면 살아나요!

난이도

★☆☆☆☆

Column clues:

1	2	3	4	5	6	7	8	9	10	11	12	13	14	15
		4	3	3		5	5	5		3	3	4		
7	11	4	3	3	2	2	2	2	2	3	3	4	9	7

Row clues:

		3
		3
2	3	2
4	3	3
4	3	4
	3	3
	3	3
	2	2
	2	2
	2	2
	3	3
	3	3
	4	4
		12
		9

A2

15×15

과일계의 버터라고 불려요

난이도

★⯪☆☆☆

Column clues:

1	2	3	4	5	6	7	8	9	10	11	12	13	14	15
					1	1								
				2	2	1	1	1	2					
	2	4	3	4	3	4	6	6	4	5	6	6		
5	2	2	2	1	1	1	1	1	1	2	2	3	10	7

Row clues:

			7
		2	3
		1	3
		2	3
		1	4
		1	3
	2	4	4
2	2	3	3
1	1	4	2
	1	6	2
	1	6	2
	2	4	3
		2	3
		2	4
			9

A3

추워지면 노랗게 물들어요

난이도

★⯪☆☆☆

15×15

Column clues:

1	2	3	4	5	6	7	8	9	10	11	12	13	14	15
						2					1	2		
	6	5	4	5	6	3	1	1	1	1	3	2	4	4
12	1	1	2	1	1	1	1	2	2	6	2	2	4	2

Row clues:

		15
	7	3
	6	2
	7	3
3	3	2
2	2	1
	1	2
	1	1
	1	1
	1	3
	1	9
	4	4
		2
		2
		2

A4

소리가 들리지 않아요

난이도

★⯪☆☆☆

15×15

Column clues:

1	2	3	4	5	6	7	8	9	10	11	12	13	14	15
	2	2	2	1	1	1	1				2			2
2	1	1	2	2	2	1	1	1	1		2	2	2	2
7	1	1	2	2	2	1	1	13	11	1	2	3	3	2

Row clues:

			15
		4	4
			4
		2	2
		2	2
4	2	1	1
	1	2	4
	1	2	2
	1	2	4
1	2	1	1
		1	2
		4	2
		2	2
		2	2
			4

A5 + A6

아주 시원해요

난이도

★☆☆☆☆

15×15

Column clues:

1	2	3	4	5	6	7	8	9	10	11	12	13	14	15
				1	2	2	2							
		2	4	1	1	2	3	5	5					
	5	2	2	2	2	2	2	3	3	8	5	5		
4	2	2	2	1	1	1	1	1	1	2	2	2	6	4

Row clues:

		3
		5
	3	3
	1	4
	2	6
	7	4
	1	3
	1	3
	2	6
	11	3
1	7	2
	1	2
	2	3
	3	4
		10

+

15×15

Left clues:

					15
				1	1
					15
				1	1
				2	2
				1	1
					11
1	1	1	1	1	1
					11
		2	1	1	2
					9
		2	1	1	2
					7
		1	1	1	1
					7

Bottom clues:

1	2	3	4	5	6	7	8	9	10	11	12	13	14	15
3	1	1	1	1	1	1	1	1	1	1	1	1	1	3
	3	1	1	1	1	1	1	1	1	1	1	1	3	
		5	1	9	1	9	1	9	1	9	1	5		
			4		1		1		1		4			
					1		1		1					
					1		1		1					
					1		1		1					

A7

기부를 하면 받을 수 있어요

난이도

★☆☆☆☆

20×20

Column clues (left to right):

1. 6
2. 2 5
3. 1 4
4. 2 5
5. 8
6. 9
7. 5 9
8. 7 4 3
9. 2 5 4
10. 1 16
11. 2 17
12. 8 4
13. 8 5 3
14. 6 9
15. 4 2 6
16. 1 5
17. 2 6
18. 8
19. 7
20. 5

Row clues (top to bottom):

1. 5
2. 2 4
3. 2 4
4. 3 5
5. 9
6. 9
7. 8
8. 5 6 4
9. 2 4 2 2 3
10. 1 4 2 2 3
11. 2 5 2 3 4
12. 8 2 8
13. 8 2 8
14. 7 2 8
15. 6 2 6
16. 3 2 5
17. 8
18. 6
19. 4
20. 4

A8

머리말을 밝혀줘요

난이도

★☆☆☆☆

20×20

Column clues (left to right):

1. 4
2. 4 2
3. 4 3
4. 4 2 2 1
5. 6 1
6. 4 4 3
7. 2 3 2 2 2
8. 1 4 2 1 2
9. 3 1 1 2
10. 1 11 2
11. 8 7 2
12. 1 1 1 2
13. 5 2 1 2
14. 2 4 2 2 2
15. 4 3 3
16. 6 1 2
17. 14
18. 4 5
19. 4 3
20. 4

Row clues (top to bottom):

1. 20
2. 7 1 1 8
3. 6 2 1 1 6
4. 6 1 1 1 6
5. 1 1 1 2 2
6. 2 2 1 1 3
7. 2 1 2 1 3
8. 2 2 2 2 3
9. 3 1 1 1 3
10. 5 1 6
11. 9 1
12. 2 1
13. 2 2
14. 2 2
15. 2
16. 8
17. 2 2 2
18. 1 1
19. 10
20. 8

A9 + A10

따뜻해지면 떠나는 친구

난이도

★⯪☆☆☆

20×20

Column clues (top to bottom):

Column	Clues
1	3
2	2 2 1
3	4 2 2 3
4	6 7 3
5	7 2 5
6	6 1 3
7	6 1 2
8	6 1 2 2 2
9	6 2 2 2 1
10	5 1 1 2
11	5 1 3 1 2
12	5 2 1 1 1 2
13	5 1 1 1 1 1
14	4 1 3 1 2 2
15	3 1 3 1 1 3
16	2 2 3 2
17	1 3 2 4
18	1 1 3 6
19	3 6
20	3

Row clues (left to right):

Row	Clues
1	7
2	10
3	13
4	19
5	12 2 2
6	7 4
7	4 6
8	3 4 3
9	2 4 1
10	2 2 2 2
11	1 3 2 2 1
12	4 2 7 1
13	1 1 2 1
14	1 6 1
15	1 1 2
16	2 2 2 1
17	1 6 2
18	4 4
19	16
20	6 3 2 2

+

20×20

Left clues (by printed row, left to right):

Row	Clues
1	15
2	7 2 2 3
3	3 1 2 2 3
4	17
5	2 5 2
6	1 1 1 2 2
7	2 6 2 1
8	1 5 1
9	1 1 1 1
10	1 5 2 1
11	1 5 2 1
12	1 1 1 1
13	1 5 1
14	2 2 1
15	1 2 2
16	2 1
17	1 2
18	2 2
19	4 4
20	8

Bottom clues (by printed column, top to bottom):

Column	Clues
1	8
2	3 3
3	4 3
4	4 7 2
5	8 2 1 1
6	2 2 2 2 1 1
7	2 2 2 2 1 2
8	2 2 7 1
9	7 1
10	1 1 1
11	4 1
12	4 2 2 2 1
13	1 1 2 2 2 1
14	4 2
15	4 1
16	1 1 1
17	4 2
18	5 2
19	5 3
20	10

A11

검은색과 하얀색 신발

난이도

★⯪☆☆☆

20×20

Column clues:

1	2	3	4	5	6	7	8	9	10	11	12	13	14	15	16	17	18	19	20
														5	4	2			
			2	3	4	4	4	5	4	4	5	4	5	6	6	6	9	2	
	2	2	2	3	1	2	2	3	5	5	6	6	6	2	2	2	2	2	6
6	3	2	6	3	2	2	2	2	2	2	3	2	3	1	2	3	4	5	6

Row clues:

			4
			7
	2	8	1
		15	1
	2	11	1
	1	8	2
	1	4	4
		1	6
	2	6	1
	2	7	1
3	2	8	1
		14	1
	1	7	2
	2	6	2
1	3	2	1
	1	2	2
	1	3	3
	2	4	4
		11	5
		8	6

A12

비가 올 때 번쩍거려요

난이도

★⯪☆☆☆

20×20

Column clues:

1	2	3	4	5	6	7	8	9	10	11	12	13	14	15	16	17	18	19	20
			4		3	2				1	2	3	5	3	3				
	5	4	4	5	1	2	1	1	1	5	3	3	3	1	1	4			
15	8	5	2	2	1	2	2	6	5	2	3	2	1	1	2	4	4	5	
2	3	5	2	2	2	2	5	2	3	1	2	2	2	2	2	2	7	8	15

Row clues:

			20
		7	9
		6	8
	5	1	4
2	1	1	2
		1	1
		1	1
		1	2
2	1	1	3
	4	3	8
	7	6	4
	5	6	5
	4	6	6
	3	6	3
	2	7	4
3	2	2	2
2	2	2	2
2	2	2	3
	5	2	3
		4	4

A13

내 감정을 표현할 수 있어요

난이도

★⯪☆☆☆

20×20

Column	Clues
1	6
2	3 2
3	2 3
4	2 4
5	2 2 4 3
6	2 2 2 2 2 2
7	2 5 1 1 1
8	2 3 3 2 2
9	3 5 5
10	4 5 3
11	8
12	6 2
13	5 4
14	6 3 1 2
15	4 5 4
16	2 10 4
17	1 11 2
18	1 8
19	9
20	5

Row	Clues
1	6 4
2	9 2 2
3	3 3 1 2
4	2 3 1 4
5	1 4 3 2 4
6	1 5 2 1 5
7	1 2 2 2 1 4
8	4 2 2 1 4
9	2 2 3 1 4
10	2 3 2 3
11	1 2 1 4
12	1 3 1 3
13	2 3 5
14	4 5
15	3
16	4
17	2 3 4
18	1 2 2 3
19	2 3 6
20	4 4

A14

변화를 쉽게 알 수 있어요

난이도

★⯪☆☆☆

20×20

Column	Clues
1	3 7
2	3 2 1
3	3 2 1
4	3 7
5	3
6	3 10
7	3 1 1
8	3 1 1
9	3 10
10	3
11	3 9
12	3 1 1
13	3 1 1
14	1 3 9
15	4 9
16	3
17	4 15
18	3 2 1
19	2 2 1
20	1 15

Row	Clues
1	7
2	5
3	5
4	1 3 1
5	3 3
6	5 3 4
7	3 6 4
8	3 4 1 1
9	3 2 1 1
10	2 1 1
11	1 4 1 1
12	1 1 5 1 1
13	1 1 1 2 1 1
14	4 1 1 1 2 1 1
15	4 1 1 1 2 1 1
16	1 1 1 1 1 2 1 1
17	1 1 1 1 1 2 1 1
18	1 1 1 1 1 2 1 1
19	1 1 1 1 1 2 1 1
20	4 4 5 4

A15

햄버거와 함께 먹어요

난이도

★⯪☆☆☆

20×20

									1		2	2							
				4	8	1	4		2	11	8	1	11	3	1		1		
	2	2	3	1	2	8	1	11	3	1	3	1	3	2	4	6	1	3	
3	2	3	7	5	2	1	6	1	1	1	1	1	1	1	6	5	4	2	3

					3	2
				1	2	4
		3	1	2	1	4
			6	4	2	3
1	3	1	2	2	1	1
	2	2	1	2	1	4
2	2	1	2	1	1	1
1	2	1	2	1	2	2
2	1	1	2	1	1	2
1	1	1	2	1	1	1
					9	5
			1	2	7	2
				1	1	1
		1	1	1	1	1
	2	2	1	1	1	2
	1	1	1	1	1	1
	1	1	1	1	1	1
				1	1	1
				2	1	1
						11

A16

하루에 한 장씩 뜯어요

난이도

★⯪☆☆☆

20×20

						1	1	1	1	1	1								
					1	2	2	2	2	2	2	1		1	1				
				4	2	2	3	2	2	4	4	2	1	2	2	1			
	2	2	3	3	2	3	3	4	4	2	2	2	2	2	2	2	1		
3	1	3	2	2	1	1	1	1	1	1	1	1	2	2	2	3	2		
3	4	3	3	3	3	3	3	3	3	3	3	3	3	4	5	6	11	15	12

			16
		1	2
		1	2
			16
			15
		1	2
1	5	2	3
2	7	2	3
1	2	3	3
	2	4	4
	2	4	4
	2	7	5
1	7	2	2
	5	2	3
		12	3
		2	3
		2	4
			17
			17
			14

A17

나뭇가지인 척해요

난이도

★⯪☆☆☆

20×20

Column	Clues
1	4 1
2	2 2 1
3	2 1 2
4	3 2 2
5	2 3 2
6	6 1 3
7	4 2 2 3
8	2 2 3 3
9	1 1 2 3 4
10	2 2 5 4
11	2 9 4
12	3 7 5
13	1 10 5
14	2 2 4 6
15	2 2 2 6
16	5 3 6
17	2 2 7
18	1 1 7
19	4 8
20	2 8

Row	Clues
1	5
2	4 2
3	1 2 2
4	4 1 1
5	1 2 1 2
6	2 6
7	3 4 4
8	1 2 3 1 2
9	1 6 1 2
10	2 10
11	5 8
12	3 8
13	2 2 4 2
14	1 1 3 4
15	2 4 7
16	4 9
17	12
18	15
19	18
20	20

A18

네덜란드의 국화에요

난이도

★⯪☆☆☆

20×20

Column	Clues
1	5
2	6
3	5
4	6 6
5	2 2 5
6	2 2 5
7	3 2 4
8	3 1 4
9	3 15
10	2 2 11
11	2 2 1 3
12	4 2 4
13	3 2 6
14	2 2 6
15	2 2 5
16	6 5
17	6
18	6
19	6
20	5

Row	Clues
1	2 2 2
2	3 7
3	2 3 2 2
4	1 2 1 1
5	1 1 2 1
6	1 3 1
7	1 2 1
8	2 1 2 1
9	2 1 2 2
10	1 2 2 3 3
11	2 7 4
12	4 2 5
13	5 2 6
14	6 2 7
15	6 2 6
16	9 6
17	7 4
18	9
19	6
20	3

A19

쇠를 끌어당겨요

난이도

★⯪☆☆☆

20×20

Column clues (top to bottom):

Column	Clues
1	1 13
2	2 1 1 2
3	3 1 2
4	1 1 1
5	2 1 1 2
6	11 1
7	12 1
8	3 11 1
9	2 7
10	2 1
11	2 2 1
12	3 2 1
13	10 1
14	1 1 2
15	2 1 1 2
16	1 1 2
17	1 1 4
18	17
19	2 14
20	2 11

Row clues (left to right):

Row	Clues
1	2 1 2 2 1 2
2	2 1 2 2 1 3
3	1 1 1 1
4	7 7
5	1 3 1 3
6	1 3 1 3
7	8 8
8	1 3 1 3
9	1 3 1 3
10	1 3 1 3
11	1 3 1 3
12	1 3 1 3
13	1 3 2 3
14	1 7 3
15	1 5 3
16	1 1 3
17	1 1 3
18	2 1 3
19	3 1 4
20	11

A20

꼬불꼬불한 빵이에요

난이도

★⯪☆☆☆

20×20

Column clues (top to bottom):

Column	Clues
1	13
2	4 3
3	3 2
4	3 6 3
5	2 2 2 2 2
6	2 1 3 1
7	2 1 2 2
8	2 2 2 4
9	3 6 2 1
10	3 2 2 3 1
11	4 1 4 1 1
12	2 2 2 2 2 1
13	2 6 3 2
14	1 2 2 2 1
15	1 1 2 4
16	1 2 4 2
17	1 5 1 2
18	2 2 2
19	3 5
20	12

Row clues (left to right):

Row	Clues
1	20
2	13 3
3	4 3 2
4	2 2 1
5	1 5 1
6	1 4 2 2 1
7	1 2 3 1 1 1
8	1 1 5 1 1
9	1 1 1 2 1 1
10	1 1 1 2 2 1
11	1 1 2 3 1
12	1 2 4 2 2
13	2 4 2 4
14	1 2 3 2
15	2 2 2 2 1
16	3 2 4 2
17	1 5 4
18	2 2 3
19	4 3
20	6

A21 번쩍! 하고 켜졌어요

난이도 ★★☆☆☆

25×25

Column	Clues
1	5 15
2	4 2 7 4
3	1 3 7 8
4	2 20
5	3 19
6	5 12
7	3 6 3
8	2 9
9	2 3 8
10	2 3 6
11	1 4 4 1 1 2
12	1 1 5 1 1
13	1 4 1 1 1
14	1 1 1 1 1
15	1 4 5 1 1
16	1 1 4 1 1 2
17	2 7 6
18	2 3 9
19	2 10
20	3 2 4 3
21	6 12
22	2 20
23	1 4 9 6
24	4 5 10
25	5 16

Row	Clues
1	4 10 3
2	1 7 6 1
3	2 4 3 3
4	4 2 6
5	6 5
6	5 5
7	2 1 1 1 1 1
8	3 7 4
9	5 1 1 1 1 2 4
10	5 1 1 1 1 2 4
11	1 3 2 2 4
12	6 1 1 5
13	6 2 2 4 1
14	7 1 1 7
15	2 5 1 1 2 5
16	9 2 2 8
17	9 1 1 5 2
18	9 1 1 8
19	1 8 1 1 9
20	6 12 5
21	10 9
22	25
23	10 9
24	2 2
25	6

A22 줄을 튕기면 부드러운 소리가 나요

난이도 ★☆☆☆☆

25×25

Column clues (left to right, top to bottom)

Column	Clues
1	2
2	5
3	2 9 4
4	2 1 11 2
5	2 1 2 2
6	2 8 2 2
7	6 12 2
8	2 1 1 4
9	1 21
10	1 1 1 3
11	1 21
12	2 2 1 4
13	2 19
14	2 2 1 6
15	1 16
16	2 1 1 6
17	2 13 1
18	2 2 1 5 3
19	1 10 4
20	11 7
21	7 2
22	3 2 2
23	3 3
24	2 3
25	8

Row clues (top to bottom)

Row	Clues
1	12
2	8 2
3	1 1 2 3
4	6 5 2
5	2 2 3 2 2
6	1 4 2 5
7	1 1 1 4 6
8	1 1 1 1 5 4
9	1 1 1 1 1 1 1 3
10	1 1 1 1 1 1 5
11	1 2 1 1 1 1 1 2
12	2 1 1 1 1 3 2
13	1 1 1 1 1 1 4
14	1 1 1 1 3 3
15	1 1 1 1 1 1 3
16	1 1 1 3 4 3
17	1 1 1 1 1 4 5
18	1 1 1 1 1 3 4 1
19	1 1 3 1 3 1 1
20	1 3 1 4 1 1
21	4 1 1 4 1 1
22	7 5 2 3
23	1 8 3 4
24	12 4 3
25	12 2

A23 남극의 신사라고 불려요

난이도 ★½☆☆☆

25×25

Column clues (top to bottom)

Col	Clue
1	6 4 1
2	6 5 1
3	6 5 1
4	6 6 1
5	3 12 1
6	1 10 4
7	9 3
8	4 1 1
9	2 2 1 1
10	2 4 1 1
11	3 1 1 3
12	3 1 1 1
13	3 3 3
14	2 4 1 1
15	2 2 1 1
16	3 1 1
17	3 3
18	5 5 2
19	13 3
20	1 13 3
21	2 9 7
22	6 13
23	6 7 1
24	6 7 1
25	6 5 1

Row clues (left to right)

Row	Clue
1	6 11 6
2	5 13 5
3	5 2 3 5 4
4	4 3 3 4
5	4 2 2 2 3 4
6	4 2 2 2 2 4
7	2 5 3
8	2 1 2 4
9	3 3 4
10	3 5
11	3 6
12	4 7
13	5 6
14	5 7
15	5 6
16	5 4
17	2 1 5
18	1 2 2
19	1 2
20	2 2
21	1 3
22	6 7
23	6 5 3
24	1 1 1 3
25	12

A24 굴뚝이 있어요

난이도 ★☆☆☆☆ (1.5/5)

25×25

Column clues (top to bottom):

Column	Clues
1	3 3
2	15
3	4 1
4	4 1
5	3 7
6	3 4 2 2 1
7	3 2 1 1 1
8	3 2 1 1 1
9	4 4 2 1
10	1 3 7
11	1 4 1
12	1 1 4 1
13	1 1 15
14	3 1 1 1 3 1
15	1 6 1 2 1
16	1 1 1 1 2 5 1
17	1 1 1 1 2 1 1 1 1
18	1 1 1 1 2 1 1 1 1
19	1 1 1 1 2 5 1
20	1 6 1 2 1 1 1 1
21	3 2 1 2 1 1 1 1
22	3 1 2 5 1
23	3 2 1
24	3 12
25	4 3

Row clues (left to right):

Row	Clues
1	8
2	1 1
3	8
4	1 1
5	9 1
6	4 1 2
7	6 1 3
8	3 12 1
9	2 2 2
10	2 2 2
11	3 2 14
12	3 4 2 2
13	3 1 1 3 1
14	2 1 1 13
15	1 4 13
16	1 1 1
17	1 1 7 1
18	1 4 1 1 1 1 1
19	1 2 2 1 7 1
20	1 1 1 1 1 1 1 1
21	1 2 1 1 7 1
22	1 2 1 1 1
23	2 1 1 1 2
24	2 1 1 1 2
25	25

A25 바다에 둥둥 떠다녀요

난이도 ★☆☆☆☆

25×25

Column clues:

1	2	3	4	5	6	7	8	9	10	11	12	13	14	15	16	17	18	19	20	21	22	23	24	25
													1											
										3		2	2											
		3	7	4		2	2	2	6	2	2	5	3	1	1	1								
		2	2	5	3	6	3	2	5	3	4	8	3	2	3	4	2	2	3	5		3	3	
3	3	4	3	4	9	2	4	8	3	4	9	3	3	9	7	4	4	3	2	3	9	3	3	3
5	4	3	4	5	4	3	4	3	1	2	2	1	2	1	3	4	9	6	4	3	1	2	3	6

Row clues:

				25
			13	8
		6	2	6
		2	2	2
		2	6	3
	2	5	2	3
	2	2	2	3
2	3	4	2	2
		4	10	1
	5	3	3	1
			6	1
			8	2
		2	10	3
			3	16
		2	2	10
	3	2	2	7
3	2	2	2	3
2	4	3	2	2
2	4	3	2	2
2	2	3	2	2
2	2	3	3	2
2	2	3	2	2
1	3	3	2	2
1	2	2	2	3
1	2	2	2	2

A26 큰 앞니가 인상적이에요

난이도 ★★☆☆☆

25×25

Column clues (top to bottom, columns 1–25):

1	2	3	4	5	6	7	8	9	10	11	12	13	14	15	16	17	18	19	20	21	22	23	24	25
				1		1		2				2	1											
				1		2	1	1		2	2	1	1	3			1							
4		4		2	2	1	3	1	2	3	1	1	1	1	4	4	3						2	
1	4	1	7	2	4	1	2	3	3	4	2	3	1	1	2	1	2	2	9	9		2	3	1
1	3	2	2	4	1	2	1	1	2	1	2	2	1	2	1	4	1	4	1	1	10	4	3	6
10	10	10	12	8	7	6	3	1	1	1	3	3	3	2	1	1	1	1	1	2	4	4	6	12

Row clues (rows 1–25):

			5	6	8
		4	8	3	6
		6	5	3	1
		4	4	3	2
	2	4	3	3	2
		2	2	4	2
		2	2	6	1
	2	3	3	6	1
			1	3	5
	3	1	1	3	2
				8	2
			2	1	1
		4	1	1	1
		2	1	1	1
	1	1	2	1	1
	4	2	2	2	1
	4	2	1	2	1
		5	1	5	1
			9	3	1
				7	2
				8	2
				11	5
			8	9	4
			7	4	5
6	1	4	1	1	6

A27 특별한 날엔 꼭 먹어요

난이도 ★☆☆☆☆ (1.5/5)

25×25

Column clues (left to right, top to bottom):

Col	Clue
1	13
2	2 2 4
3	2 3 2 4
4	1 2 1 1 4
5	5 4 2 4
6	2 1 5 1 4
7	2 2 3 1 1 5
8	1 6 3 1 4
9	7 4 2 4
10	1 2 2 4 1 5
11	1 1 8 1 4
12	3 4 1 4
13	8 4 1 4
14	2 3 15
15	1 2 2 3
16	1 3 2 3 3
17	3 1 5 2 3
18	1 3 3 1 2 3
19	6 2 4 7
20	3 1 2 4 1 3
21	1 3 5 2 3
22	5 4 2 4
23	4 3 3 4
24	8 5
25	9

Row clues (top to bottom):

Row	Clue
1	4
2	3 8
3	3 6 1 2
4	4 3 1 2 4
5	1 1 3 4 1 3 2
6	1 5 4 1 2 3
7	2 2 7 3 3
8	1 2 8 5
9	1 1 4 1 1
10	1 1 3 3 8 1
11	1 3 4 12
12	2 2 4 2 2 4
13	3 4 2 1 7
14	1 3 2 1 4 2
15	1 5 3 4 3
16	1 6 1 2 1 1
17	2 1 2 2 1
18	4 1 2 2 1
19	7 2 4 2
20	9 3 1 2
21	15 1 3
22	10 4 3
23	8 8
24	5 6
25	4

A28 줄을 놓으면 피융 날아가요

난이도 ★★☆☆☆

25×25

Column clues (left to right, top to bottom)

Column	Clue
1	1 2
2	2 3
3	5 3
4	2 6 4
5	2 12
6	2 4
7	2 3 1
8	2 3 1
9	3 3 1
10	3 3 1
11	3 3 1
12	3 3 1
13	3 3 1
14	4 3 1
15	4 3 2
16	4 3 1
17	8 1
18	6 1
19	5 1
20	1 6 1
21	1 9 1
22	1 3 9 1
23	4 10 1
24	4 13
25	6 7

Row clues (top to bottom)

Row	Clue
1	6
2	10 3
3	15 4
4	1 9 5
5	1 11 1
6	2 8 1
7	1 6
8	1 6
9	1 7
10	1 4 4
11	2 4 3
12	1 3 3
13	1 3 3
14	1 3 3
15	1 3 3
16	1 3 3
17	1 3 2
18	1 3 3
19	4 3
20	4 2
21	3 2
22	13 2
23	3 11
24	3 2
25	2 1

A29 상자에 들어가는 것을 좋아해요

난이도 ★★☆☆☆

25×25

열	힌트
1	25
2	10 2 5
3	8 1 5
4	7 2 4
5	7 1 4
6	6 1 3
7	6 2 3
8	5 1 1 1 3
9	5 1 1 1 2
10	9 2 2
11	5 2 1 2
12	1 2 1 1
13	1 1 1 2 1
14	2 2 1 9
15	3 2 2 2 1
16	3 1 1 1 2
17	3 3 2 2
18	3 1 1 1 1 3
19	2 2 1 2 3
20	2 2 2 2 4
21	1 1 1 4
22	5 2 2 5
23	12 6
24	11 7
25	25

행	힌트
1	25
2	11 7 4
3	11 4 4
4	11 4
5	11 4 3 4
6	7 1 2 2 3
7	5 3 2 3
8	3 2 1 1 1 3
9	2 5 5 4
10	2 3 6
11	1 3 3
12	1 2 1
13	2 3 1
14	4 2 1
15	1 4 3 1
16	1 4 3 1
17	1 6 1
18	1 2 1
19	1 1 2
20	1 1 3
21	3 1 4
22	5 1 6
23	8 1 8
24	11 1 10
25	25

A30 비가 오면 노래를 불러요

난이도 ★★☆☆☆

25×25

Column clues (top to bottom):

											3			1										
					1					1	1	1	3	3			1		1					
			2	2	2	3	1	5	3	2	1	1	1	1	5	3	2	3	2	2	2			
		5	2	2	2	3	3	2	1	1	1	1	1	1	2	1	1	3	1	2	2	4		
		5	4	1	4	4	1	1	1	1	2	1	1	2	1	1	2	4	5	4	4	4	5	
	10	2	1	4	1	5	2	3	1	5	4	2	1	4	5	1	3	6	2	1	1	1	2	
12	1	2	1	2	1	2	7	1	2	1	2	1	4	1	2	1	2	1	3	1	2	1	2	12

Row clues:

										4	4
						1	2	1	1	2	1
									4	6	1
								5	2	3	4
								2	4	4	2
								2	1	1	2
								1	3	2	1
								1	3	2	1
								1	3	4	2
									2	8	2
										3	4
											14
										2	1
									7	4	7
								7	2	2	6
								6	1	1	6
								7	1	1	6
						3	1	1	1	2	2
						2	2	2	2	1	1
						2	3	1	1	4	1
						3	3	1	1	3	2
							4	2	4	2	4
							2	2	2	2	1
1	1	1	2	1	1	1	1	1	1	1	2
											25

A31 어흥! 하고 울어요

난이도 ★★☆☆☆

25×25

			1	2	2																			
	1	1	2	1	2			1	3				1	2										
	4	2	2	2	3	4	3	1	2	2	1	1	2	2	6		2		3	4	1			
5	1	2	3	6	1	2	1	1	2	2	2	2	1	2	4	7	3	3	6	2	5	2		
7	9	3	3	2	1	1	1	1	2	3	2	1	2	5	1	3	3	5	4	1	3	5	2	
4	1	3	1	3	1	7	1	1	6	1	3	1	3	1	4	1	2	6	1	3	1	3	2	18

							5	5
					1	2	2	2
			1	2	5	3	1	6
		1	2	2	1	3	6	2
				2	5	3	4	2
				1	2	5	3	1
			1	2	2	4	2	1
			2	2	2	4	2	1
				1	1	2	2	1
				1	2	2	1	1
				1	5	1	2	1
					10	3	1	1
			1	3	2	5	1	1
			2	1	4	2	1	1
			2	1	3	1	1	1
						9	2	1
						3	2	1
				1	2	1	3	1
					1	3	7	1
				1	4	1	2	1
	1	1	1	1	1	1	1	1
		2	1	1	2	1	1	3
1	1	1	1	1	1	1	1	6
	1	1	1	1	1	1	1	1
							7	7

A32 물건을 담아 등에 져요

난이도 ★★☆☆☆

25×25

Column clues (top to bottom):

Column	Clues
1	9
2	8 1 2
3	3 1 8 1
4	2 13 2
5	1 4 2 1 1
6	2 6 1 1
7	1 1 2 2 1
8	2 1 8 2
9	3 11 1
10	1 2 4 3 1 1
11	2 1 9 1 1
12	4 2 11
13	4 2 10
14	3 4 8
15	1 5 2 1
16	2 3 10
17	6 2 1 1
18	2 3 1 2 1
19	1 5 2 2 2
20	1 3 5 2 2
21	1 2 9
22	6 4
23	9 4
24	13
25	9

Row clues (left to right):

Row	Clues
1	5 5
2	2 4 2 2
3	5 3 2 3
4	3 8 5
5	2 2 1 3
6	1 6 3
7	2 5 3
8	1 2 2 3 1 3
9	1 2 2 2 2 3
10	5 6 2 3
11	1 11 1 2
12	1 1 1 1 1 1 2
13	3 1 1 1 3 2
14	11 3 1 2
15	1 10 3 1 3
16	1 2 6 2 5
17	4 2 3 1 6
18	1 7 3 4 3
19	1 2 8 1 2
20	1 2 2 3 1 1
21	1 2 3 1 2
22	2 3 1 2
23	3 3 4
24	5 5
25	6

A33 고기도 맛있고, 김치도 맛있어요

난이도 ★★☆☆☆

25×25

Column clues (left to right, top to bottom):

Col	Clues
1	8 4
2	7 2 2
3	6 2 2
4	7 4 1
5	4 2 2 1
6	3 5 1 4
7	2 3 3 2 1 2 2
8	3 1 2 4 1
9	1 1 2 4 2 1
10	4 1 4 3 1
11	2 3 1 1 1
12	3 5 4 1
13	4 3 2 2 2 1
14	9 2 2 2
15	5 1 2 1 5
16	5 3 1
17	7 1 5
18	3 4 1 2 2
19	2 2 1 2 2 1 2 2
20	4 2 6 2
21	1 6 1 2
22	3 5 3 2
23	2 2 1 4 2
24	3 2 2 3
25	8 6

Row clues (top to bottom):

Row	Clues
1	25
2	8 11 4
3	6 1 1 7 1 1 2
4	5 1 2 5 2 1 1
5	4 1 1 4 1 1 1
6	4 1 1 1 1 1
7	2 2 1 3 1
8	1 2 4 3 2
9	9 1 1 5
10	3 2 1 2 2
11	6 1 1 1 2
12	3 1 2 1 2
13	2 1 1 2 2 2
14	1 1 1 1 2 3
15	1 1 7
16	2 2 3
17	2 2 3 3
18	11 2 1 4
19	3 3 1 2 1 1
20	2 1 1 2 1 1 1 1
21	2 1 2 1 1 1
22	1 1 1 1 2 2
23	1 1 8
24	2 2 6
25	8

A34 덥고 메마른 곳에서도 잘 살아요

난이도 ★☆☆☆☆

20×30

1	2	3	4	5	6	7	8	9	10	11	12	13	14	15	16	17	18	19	20
													5						
					4	3			1			1	1	2					
		2	5	6	1	1		2	7	15		1	2	1	6	2			
	6	2	2	1	1	1	21	11	1	6	21	8	1	2	2	3	7		
2	2	2	2	9	2	1	1	1	1	1	1	1	2	9	2	2	2	2	2

					3
				2	2
				1	2
			2	1	3
			4	1	3
	1	2	1	3	3
	1	3	1	3	5
1	5	3	1	1	1
1	4	3	1	1	1
2	4	3	1	1	1
	2	1	4	1	1
		6	2	1	2
			2	4	2
			2	2	2
				2	6
				2	4
				2	3
				2	3
				2	3
				2	3
				2	3
					11
				1	1
				1	1
				1	1
				1	1
				1	1
				1	1
				6	7
					20

A35 하늘을 날게 해주는 가루를 갖고 있어요

난이도 ★☆☆☆☆ (1.5/5)

20×30

Column clues (left to right, top to bottom)

Col	Clues
1	23
2	1 7 5 1
3	2 9 2
4	3 6 1
5	4 3 2 2
6	5 2 1 2
7	1 4 1 2 7
8	7 1 1 4 5
9	8 1 6 2
10	3 6 1 12 1
11	13 6 4
12	7 2 12 3
13	5 1 8 4
14	5 1 2 5 3
15	6 1 1 1 2 2 2
16	2 4 1 6 2
17	5 1 1 1 3 1 2
18	3 6 4
19	1 3 4
20	9 3

Row clues (top to bottom)

Row	Clues
1	11 8
2	1 4 11 1
3	1 12 2 1
4	1 5 7 1
5	1 12 1
6	2 6 2 1
7	2 5 2 1
8	2 5 1 1
9	3 2 6
10	3 2 1 2
11	4 1 1 1 3
12	5 3 1
13	1 4 4 2
14	10 5 1
15	4 2 2 1
16	5 7 2 2
17	3 3 8 1
18	2 7 1 1
19	1 7 1 1 2
20	1 7 1 2
21	1 1 6 2 1
22	1 3 1 1 1 4
23	3 1 1 1 2
24	1 1 1
25	2 1 1
26	1 1 2
27	1 2 3
28	1 5
29	2 4
30	4

A36 아이스크림과 과일이 가득 담겨 있어요

난이도 ★☆☆☆☆ (1.5)

20×30

1	2	3	4	5	6	7	8	9	10	11	12	13	14	15	16	17	18	19	20
												3							
					9	9		1	4	1	2	4	3						
		7		3	1	1		1	1	2	3	1	4	4		4			
		3	6	1	3	1	2	3	3	4	1	3	1	3	12	4			
	4	1	2	3	2	2	1	3	3	2	1	2	3	2	2	1	3		
	3	2	2	4	1	1	2	1	1	2	2	1	3	2	2	2	5	2	
3	5	3	2	2	1	1	7	1	1	4	3	1	2	3	3	3	5	3	1
5	5	5	5	2	1	1	1	1	1	1	1	1	2	5	5	5	5	5	5

			2	1
		2	2	3
		2	2	6
		2	2	8
		3	2	10
		2	2	1
		2	2	1
			5	6
			5	8
		3	3	7
	1	1	2	3
		2	2	3
		1	1	1
		4	1	5
		1	13	1
			2	2
2	2	2	2	3
				17
1	3	4	3	1
			2	2
1	3	2	2	3
				15
		2	4	3
			4	3
				5
			8	10
	5	1	1	7
		4	4	6
			5	7
				20

A37 할로윈 하면 떠오르는 채소

난이도 ★★☆☆☆

30×20

Column clues (top to bottom):

1. 5 7
2. 5 2 3
3. 5 2 3 1
4. 5 2 2 2 2
5. 5 3 1 2 1 1
6. 5 1 1 3 2 1
7. 5 1 2 1 4 1
8. 5 2 2 2 1 1
9. 5 2 1 3 2
10. 9 2 1 1 2
11. 5 4 4 1
12. 4 1 1 3 2 1
13. 3 1 1 2 3 1
14. 3 1 1 4 1 1
15. 4 4 4 2
16. 2 1 2 3 1
17. 2 3 3 2
18. 1 2 6
19. 1 3 2
20. 1 3 1
21. 1 3 1
22. 1 2 1
23. 2 3 2
24. 4 2 2
25. 3 2 4
26. 3 7 1
27. 3 2
28. 4 2
29. 6 2
30. 14

Row clues (left to right):

1. 30
2. 17 8
3. 15 3 7
4. 12 3 6 3
5. 11 7 2
6. 1 3 2 2
7. 1 2 2 1
8. 4 6 2 1
9. 3 4 2 1 1
10. 6 1 7 1 1
11. 2 2 2 2 1 1
12. 1 3 2 1 1
13. 1 4 3 1 1 1
14. 1 2 1 1 5 1 2 2
15. 1 1 8 2 1 1 2
16. 1 3 1 1 1 3 1 2 2
17. 2 1 8 1 2 5
18. 1 3 3 1 5
19. 3 2 3
20. 12

A38 하나를 돌리면 모두 돌아요

난이도 ★☆☆☆☆

30×20

Column (top clues)	Clues
1	2 2 12
2	5 5 11
3	15 9
4	15 8
5	4 5 7
6	3 3 5
7	5 4 5 4
8	5 6 4 3
9	4 3 3 4 2
10	4 2 2 2 4 3 1
11	4 2 2 2 2 3 3
12	2 3 3 2 9
13	2 6 3 4 2
14	3 4 4 3 2 3
15	5 6 1 2 3
16	7 8 3 4
17	17 7
18	1 2 8 2 3 3
19	2 5 3
20	4 5

Row (side clues)	Clues
1	5 3
2	5 2 2
3	6 4 1
4	2 13 1
5	7 6
6	5 3
7	5 4 3
8	5 6 3
9	3 3 3 4
10	2 2 2 2 4
11	2 2 2 2 4
12	2 3 3 4
13	4 6 5
14	5 4 3
15	6 3
16	6 5
17	17
18	2 12
19	1 4 4
20	2 4 2
21	2 3
22	3 3 3
23	4 9
24	5 4 3
25	5 3 2 1
26	6 1 2 3
27	7 3 4
28	8 9
29	9 2 3
30	10 3

A39 무거워질수록 힘이 세져요

난이도 ★☆☆☆☆

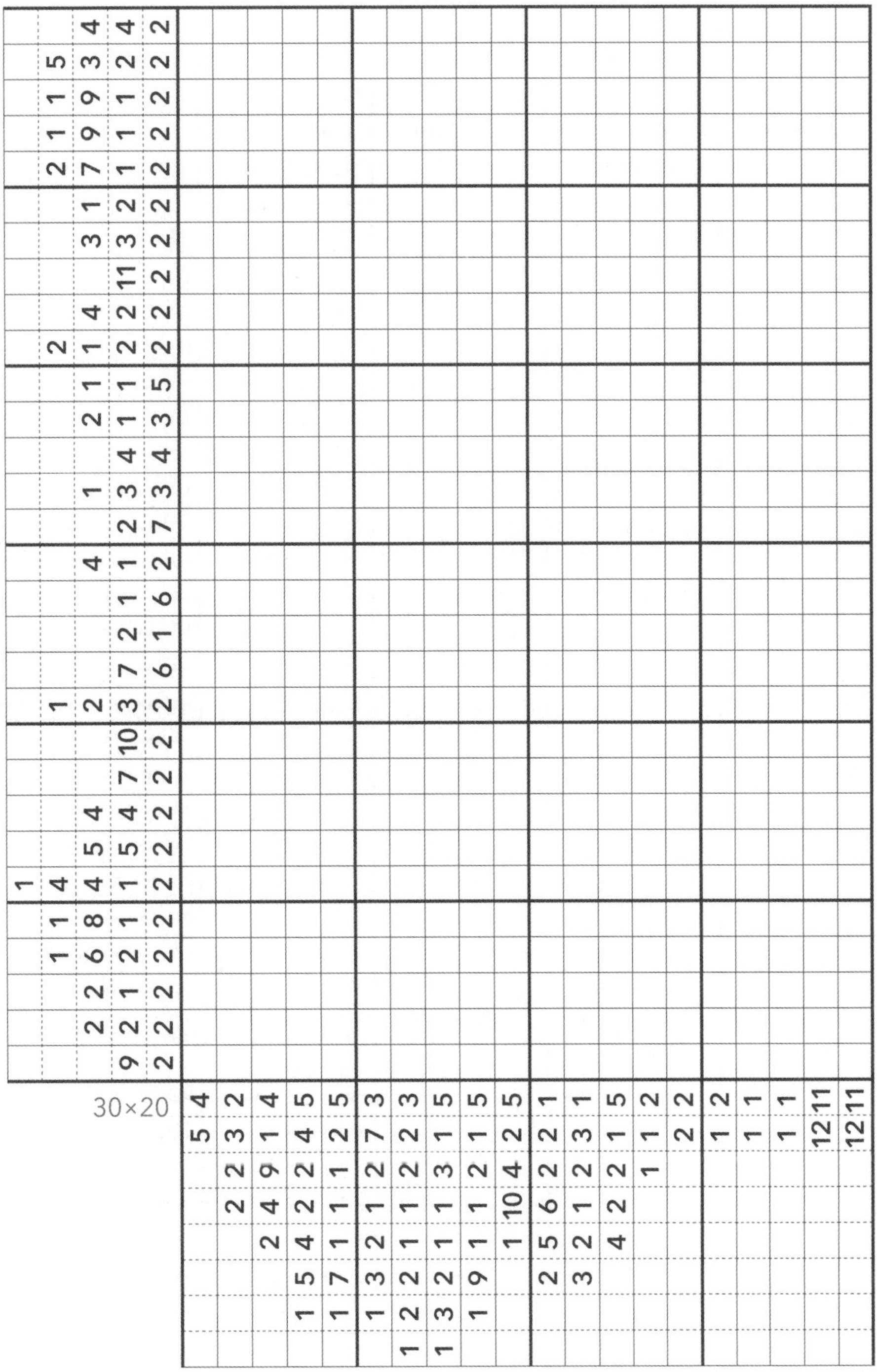

30×20

A40 물고기가 납작해요

난이도 ★☆☆☆☆

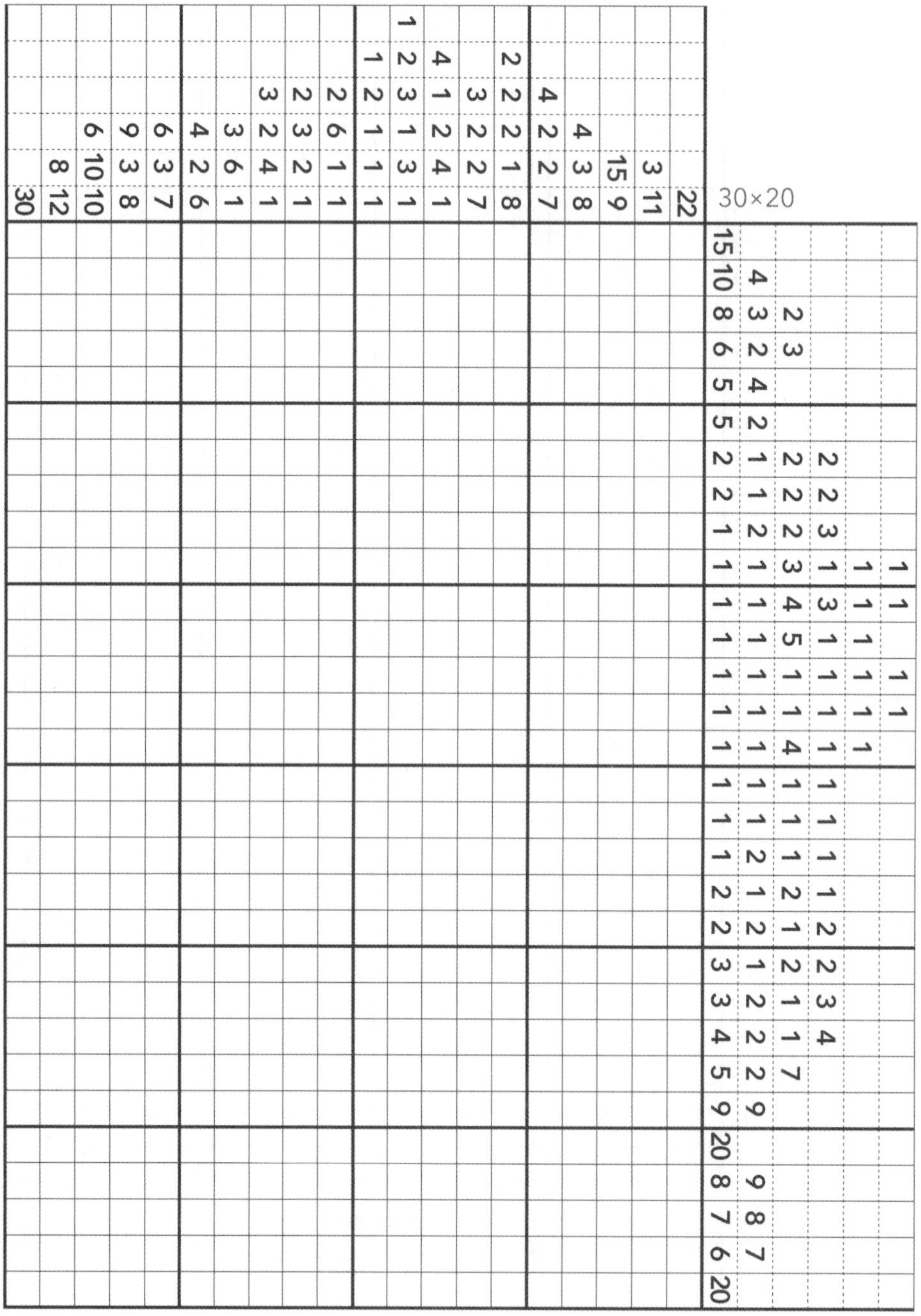

A41 팥빵과 크림빵이 만나면 더 맛있어요

난이도 ★★☆☆☆

30×20

Column clues (top to bottom):

Column	Clues
1	3 4
2	3 2 3
3	3 2 2
4	3 2 2
5	3 1 2
6	3 1 1 1
7	3 2 3 1
8	3 1 1 1 1
9	3 1 3 1
10	3 1 1 2 1
11	3 1 4 1
12	3 1 1 1 1
13	3 6 2 2
14	5 2 2
15	3 2 2
16	3 3 2 3
17	2 4 2 3
18	2 6 9
19	2 1 3 2 5
20	1 1 3 1
21	1 1 3 1 1
22	1 1 3 2 1
23	1 1 3 1 2
24	1 2 2 1 2
25	2 1 3 1 2
26	2 2 4 1 3
27	3 5 1 3
28	4 2 4
29	5 2 5
30	11 7

Row clues (left to right):

Row	Clues
1	30
2	19 6
3	16 4
4	1 7 3
5	2 2 3 2
6	1 3 2 1
7	1 5 1 1
8	1 8 2 1
9	8 10 1
10	4 4 7 1
11	2 3 5 2 2
12	2 3 3 6 2
13	2 2 3 1 1 7
14	1 2 3 2 1
15	1 2 1
16	2 2 2
17	1 3 3
18	2 4 5
19	3 6 8
20	13 10

A42 소시지와 떡을 같이 먹어야 해요

난이도 ★★☆☆☆

30×20

Column clues:

Column	Clues
1	1 4 13
2	2 2 3 11
3	4 3 4 10
4	4 10 8
5	2 6 3 6
6	2 7 3 4
7	1 6 7 2
8	2 5 7 1
9	1 5 10
10	1 5 8 1
11	2 5 7 2 3
12	8 6 6
13	2 1 7 4
14	3 6 5
15	2 6 6
16	6 2 6
17	4 5
18	4 7
19	5 2 2
20	4 1

Row clues:

Row	Clues
1	3
2	2
3	2 4
4	6 2
5	3 1
6	3 1
7	3 3
8	1 2 6
9	1 1 6 1
10	2 12
11	11 2
12	9 1
13	6 1
14	5 2
15	3 5
16	1 2 8
17	2 1 6 2
18	1 1 1 10
19	1 12 1
20	2 9 1
21	3 8 1
22	3 5 1
23	4 3 3
24	4 4 5
25	5 2 2 4 1
26	5 1 1 7
27	6 1 9
28	6 9
29	7 6 2
30	8 4 2

B43 물 속에 사는 강아지

난이도 ★★☆☆☆ (2.5)

30×30

Column clues (left to right, top to bottom)

Column	Clues
1	4 6 1
2	2 2 6 1
3	2 9 1
4	2 1 7 2 2
5	1 1 6 3 2
6	1 3 2 1 2
7	1 2 3 2 1 3
8	1 2 1 1 4 1 3
9	1 1 1 2 3
10	1 1 1 1 4
11	2 1 1 1 4
12	2 3 4
13	3 3 4
14	5 3 5
15	7 2 5
16	8 1 5
17	8 1 5
18	9 7
19	11 6
20	8 2 6
21	7 3 4
22	6 4 2
23	7 2 3
24	8 3 3 1
25	11 1 4 4
26	10 1 3 5
27	9 1 4 4
28	8 1 4 4
29	7 1 5 4
30	6 1 5 5

Row clues (top to bottom)

Row	Clues
1	8 12
2	2 20
3	3 2 19
4	2 2 18
5	1 1 17
6	4 4 17
7	2 7 7
8	2 4 6 5
9	5 4 3
10	5 2 2
11	5 2 2
12	5 2 2
13	5 10
14	6 2
15	1 1
16	2 2
17	1 1
18	2 2
19	1 1 2
20	1 1 2 4
21	2 2 6
22	2 3 6
23	2 1 2 6
24	2 4 4
25	6 5
26	9 1 1
27	12 6
28	15 6
29	17 6
30	20 7

B44 머리에 날개가 있어요

난이도 ★★½☆☆

30×30

Column clues (left to right, top to bottom):

Column	Clues
1	8 8
2	5 2 3 5 1
3	4 1 2 9
4	4 1 3 5 2
5	4 1 4 5 2
6	5 1 4 6
7	5 1 5 5
8	6 1 6 5
9	6 1 6 4
10	7 1 6 8
11	12 14
12	6 2 6 4
13	12 4 4 1
14	5 1 6 9
15	4 2 5 10
16	3 3 3 5 2
17	2 2 2 3 5 2
18	1 1 1 9 3
19	1 2 2 7 3
20	1 1 1 12
21	1 2 2 6 3 2
22	4 8 3 2
23	3 8 3 1
24	10 1
25	3 6 3
26	2 3 2 7
27	1 3 1 2 2
28	7 1 2 3
29	4 1 1 2
30	4 1 2

Row clues (top to bottom):

Row	Clues
1	23
2	17 2
3	16 2 3
4	15 2 2 1
5	2 9 3 1 1
6	1 6 3 2 1
7	1 2 1 3 1 3
8	2 1 4 1 4
9	12 2 7
10	3 3 5 2
11	1 2 7 1
12	5 3 7 1
13	7 3 5 3
14	15 4
15	17 4
16	1 11 7
17	2 6 5
18	1 2 4
19	1 2 4
20	1 2 5
21	2 2 6
22	3 2 7 1 3
23	5 9 1 2 2
24	17 4 2
25	15 3 1 3
26	13 3 5
27	9 2 3 4
28	1 3 2 3 5
29	4 5 2 2
30	4 4 1 1

B45 누가 보게 될지 궁금해요

난이도 ★★☆☆☆ (2.5)

30×30

Column clues (top to bottom, columns 1–30):

Column	Clues
1	1 18
2	1 1 8 2 2
3	3 1 2 4 4
4	2 1 6 3 3
5	2 2 5 2 2 2
6	1 3 4 1 4 2
7	2 3 4 4 2 1
8	2 7 3 1 1
9	3 7 3 2 1
10	2 6 3 3 1
11	2 2 2 2 3 2
12	1 4 5 2 3
13	1 1 4 4 3 4
14	1 1 3 5 6 5
15	1 1 4 2 2 4 3 2
16	1 1 4 1 2 2 2 6
17	1 4 4 1 2 5 1
18	1 4 3 2 4 2
19	3 1 4 1 7 1
20	5 3 1 5 1
21	4 4 3 2 1
22	4 7 2
23	3 11 1 1
24	2 7 5 1
25	3 11 1 1 1
26	2 2 10 2 2
27	1 8 2 3 1
28	2 8 4 1
29	3 11 1 2
30	8 2 2 1 1 1

Row clues (left to right, rows 1–30):

Row	Clues
1	8 5
2	5 5 3
3	8 13 2
4	3 5 2 1
5	3 8 2 2
6	10 2 4
7	16 4
8	8 7 5
9	8 5
10	4 4 7
11	4 1 4 8
12	6 2 5 7
13	8 1 2 3 4 3
14	7 4 1 5 2
15	2 3 4 2 7
16	5 3 2 4 1 1
17	4 3 3 2 5
18	3 3 2 4 2 1
19	3 2 4 7 1
20	2 4 5 5 1 3
21	1 5 6 7 1
22	1 2 2 2 1 3 1 1 1
23	1 1 2 1 1 7 2
24	1 3 2 1 6 1
25	1 2 1 5 1 1
26	2 2 2 4 2 2
27	3 3 7 1
28	1 2 3 1 1
29	6 7 1
30	15

B46 동글동글 열심히 굴리고 있어요?

난이도 ★★☆☆☆ (2.5/5)

30×30

Column clues (left to right, top to bottom)

Column	Clues
1	16 5
2	17 7
3	5 7 2 2
4	4 5 2 2
5	3 8 4 10
6	4 1 4 3 3 2
7	5 3 2 2 1 1 2 1
8	11 1 3 2
9	7 2 3 2 2
10	5 1 5 1 1 2 2
11	3 5 3 1 6 1
12	3 5 2 1 3 2
13	2 3 1 1 2 5
14	2 2 1 2 1 1
15	1 3 1 1 3 2
16	1 1 1 3 6 2
17	1 2 5 2 2
18	1 1 3 1 6
19	1 2 3 1 5
20	1 2 6 1 2
21	1 6 2 2
22	1 2 2 3
23	2 3 2 4
24	2 7 2 4
25	2 7 3 5
26	3 2 3 6
27	4 2 3 7
28	5 1 9
29	7 12
30	27

Row clues (top to bottom)

Row	Clues
1	30
2	14 8
3	12 5
4	4 5 4 4
5	3 1 4 4 3
6	2 3 2 3 2 2
7	2 2 3 2 1 1 2
8	2 2 2 2 3 1
9	2 2 2 7 3 1
10	2 2 4 4 2 1
11	3 5 3 2 2 1
12	3 3 3 2 2 1
13	3 1 2 1 2 1
14	3 2 2 1 2 1 1
15	3 1 2 5 3 1
16	3 1 2 4 3 2
17	2 2 2 3 2 2
18	8 3 2 3
19	3 3 8 3
20	2 4 4 4
21	2 2 2 3 6
22	1 2 2 2 9
23	3 6 15
24	5 3 2 10
25	2 3 2 7 8
26	2 3 2 1 4 5
27	2 1 1 3 2
28	2 2 3 2 3
29	3 7 4
30	2 1 1

B47 평화의 상징이에요

난이도 ★★☆☆☆ (2.5/5)

30×30

Column clues (top to bottom):

Column	Clues
1	1 5 2 4
2	7 3 5 2
3	4 2 1 9 4
4	6 4 2 2 7
5	7 2 3 3 2
6	7 4 4 4 4
7	7 2 2 2 3 3
8	2 4 1 2 2 2 3
9	6 1 2 4 2
10	7 1 4
11	7 1 2
12	7 2 2
13	3 4 3 1
14	13 3 2
15	8 7 2
16	7 3 1
17	1 4 2 2
18	6 2 1
19	5 1 1
20	4 1 1 1 1 1
21	3 2 1 1 1 2 1
22	2 2 1 1 1 1 1 2 1
23	5 2 1 1 1 1 2 2
24	4 2 2 1 1 1 3 1
25	10 1 1 3 3 2
26	10 1 1 2 2 2
27	5 2 2 1 2 1 1 1 1
28	9 1 4 1 1 1
29	8 1 3 1 5
30	2 5 5 5

Row clues (left to right):

Row	Clues
1	26 3
2	15 13
3	7 13 7
4	12 7 8
5	2 16 2 6
6	18 2 7
7	3 4 7 2 4 3
8	3 2 6
9	6 1 5
10	2 3 9 1
11	3 2 2 3 4
12	4 2 5 6 1
13	1 2 3 3
14	2 2 1 10
15	1 2 2 2
16	5 1 2 9
17	7 1 2 3
18	3 3 2 1 6
19	1 1 1 4
20	3 1 2
21	6 2 1
22	3 3 2 2
23	2 5 3 5
24	2 1 3 2 1
25	1 3 4
26	3 7 2
27	5 3 4
28	3 3 2 1
29	2 4 4
30	4

B48 아빠보다 키가 커져서 기분이 좋은가 봐요

난이도 ★★☆☆☆

30×30

열	힌트
1	10 2
2	2 3 2
3	2 4 2 2
4	3 3 6 2
5	1 4 3 8 2
6	2 2 3 6 2 2
7	2 4 3 4 1 2
8	2 1 2 4 2 3
9	2 1 2 1 2 3
10	6 7 6
11	4 1 8 9
12	3 1 1 4 1 10
13	3 1 1 1 4 2 9
14	2 4 4 2 1 1 6
15	3 1 3 3 3 1 5
16	3 1 1 3 2 1 5
17	4 2 4 2 2 1 6
18	5 2 4 2 1 1 6
19	6 5 1 9
20	1 5 10
21	3 10 9
22	2 2 2 5 1 3
23	2 3 2 2 3
24	2 3 5 1 1
25	7 3 8 1 1
26	1 2 4 10 1
27	3 4 6 1
28	1 1 6 1
29	4 5 3 1
30	12 1

행	힌트
1	4 8 5
2	3 2 10 2 1 1
3	2 2 2 4 5 3 4
4	1 1 4 3 2 1 2
5	1 1 2 2 2 2 2 2 1
6	1 3 1 1 3 3 1
7	1 1 2 1 3 2 2 2 1 1
8	1 1 3 1 2 2 3 1 1
9	1 1 1 6 2 2 1
10	1 1 2 2 1 1
11	1 2 2 7 2 1 1
12	1 1 2 10 2 1
13	1 2 12 1 1
14	1 1 5 6 1 2
15	2 2 3 4 1 1
16	1 1 2 3 1 1
17	1 8 3 5 1
18	2 3 2 2 2 6 2
19	4 1 1 1 5
20	4 1 5 1 5
21	4 1 3 1 5
22	4 3 3 5
23	5 11 4
24	1 2 3 3 5
25	1 6 7 1
26	2 12 1
27	2 12 2
28	18
29	6 16
30	6 16 6

B49 껍질을 까면 새콤달콤한 조각들이 나와요

난이도 ★★★☆☆

30×30

Column clues (top to bottom)

Column	Clues
1	10
2	13 4
3	9 4 6
4	3 2 8 9
5	3 2 6 2 4
6	1 3 3 1 3
7	1 1 5 1 2
8	2 3 4 2 2
9	1 1 7 3 2
10	1 3 6 2 2
11	1 3 2 4 2 2
12	1 1 1 5 1 2
13	2 8 4
14	2 5 3 2 3
15	2 3 3 2
16	3 3 6 2
17	3 3 2 2 1
18	4 1 2 2 1 1
19	6 2 1 1 1 1
20	4 6 2 1 4 1
21	4 2 3 2 1 2
22	4 10 1 2
23	4 2 3 2 2
24	4 1 2 2 4
25	4 2 1 4 5
26	5 1 1 1 5 2
27	6 3 2 2
28	7 2 1 2
29	8 5 3
30	9 8

Row clues (left to right)

Row	Clues
1	23
2	4 18
3	3 2 15
4	4 4 13
5	4 2 1 5
6	3 2 4
7	4 1 3
8	4 1 2
9	3 1 1 1
10	5 2
11	4 1 1 5 3
12	2 6 2 4 3 3
13	6 4 6 1 2
14	5 1 2 5 3 1 6
15	13 5 1
16	13 3 3 2
17	10 8 4
18	7 2 1 2 2
19	1 2 1 2 1
20	4 2 1 1 1 1
21	2 2 1 1 2 1 1
22	1 1 3 2 1 1
23	2 2 2 1 2 2
24	3 2 4 4 1 1
25	3 4 4 3 2
26	4 1 5
27	4 2 4
28	4 3 2
29	9 3 3
30	6 8

B50 + B51 법원 앞에 있어요

30×30

																													2
																											4		1
																											3	3	1
			16	4	1																	3	3		2	3	2	3	1
			1	2	2										1	2		2	2			4	2	8	2	3	1	5	2
		4	1	3	4	20			3	2	1	1	1	1	1	1	2	1	1	2	2	4	7	7	2	2	2	2	2
	3	1	1	3	1	1	18	4	1	1	1	1	1	1	3	3	6	2	1	1	1	1	3	1	7	7	1	1	1
2	5	3	3	1	1	3	2	3	1	1	1	1	1	1	1	2	3	1	2	4	2	4	2	2	2	1	1	1	1

			3	19
		1	1	14
	1	2	3	3
	2	2	1	1
		1	2	1
	1	2	1	4
		1	2	5
		1	2	7
		1	2	2
		1	2	1
	1	2	1	5
		1	2	7
	1	2	2	1
	1	2	3	2
	1	2	4	3
		1	2	5
2	1	2	2	8
			11	7
			9	2
		1	3	10
	4	10	1	2
1	3	1	2	4
		5	1	2
1	1	1	1	5
			5	10
1	1	2	2	3
			6	8
1	1	2	1	1
	4	2	2	2
		2	2	1

+

난이도 ★★½☆☆

30×30

Column clues (top to bottom):

Column	Clues
1	3 1 1 2 7 2
2	4 1 1 2 10
3	2 3 8 1
4	9 7 3
5	2 2 5 4
6	2 4 1 2
7	2 4 3
8	1 2 3 6
9	1 2 2 2 2
10	1 2 2 4
11	1 2 3 4 2 3
12	2 2 7 4 3
13	3 5 2 3 2
14	7 4 1
15	3 2 2
16	4 2 2 1
17	5 5 2 1
18	2 2 2 5 2
19	8 3 2
20	7
21	1 3 3
22	2 2 2 3
23	5 4 4
24	2 3 2
25	2 3 2 5
26	6 2 5
27	5 2 6
28	2 4 2
29	3 2 7
30	4 8

Row clues (left to right):

Row	Clues
1	11 5
2	7 4 2
3	2 1 1 2 1
4	1 1 2 1 2 1 2
5	1 17
6	4 17
7	2 3 3 2
8	4 2 4 3
9	2 3 2 2 1
10	2 4 1 1 1
11	2 1 2 1 2 2 2
12	4 1 2 2 4 1 1
13	4 2 1 2 1 2 2
14	4 2 2 1 2 1 1
15	7 9 9
16	5 1 9 9
17	5 2 1
18	4 1 2
19	3 2 1
20	2 4
21	2 4
22	1 2
23	2 3 1
24	1 3 2
25	3 1 2
26	3 1 3 2
27	4 2 1 3 2
28	2 2 2 3 3 2
29	2 2 3 2 3 3 2
30	3 2 3 4 3 3 2

B52 좋아한다! 좋아하지 않는다?

난이도 ★★★☆☆

30×30

Column	Clues
1	4 3 4
2	4 3 2 2 6
3	6 3 1 7
4	5 2 1 7
5	5 2 1 7
6	5 1 2 7
7	2 2 1 5 5
8	1 2 1 2 1 4
9	1 7 1 10
10	2 2 2 14
11	4 1 1 7 3
12	7 5 5
13	3 1 1 6
14	1 2 2 4 6
15	1 5 1 2 6
16	1 2 1 1 2 6
17	2 1 3 1 4
18	4 2 3 4 2
19	3 1 1 2 1 2
20	3 1 2 4 4
21	4 2 1 5 3
22	7 1 2 2 2
23	3 2 2 2 4
24	3 1 7 3
25	3 1 6 2
26	3 2 3 2
27	3 2 2
28	3 2 2
29	3 2 3
30	3 17

Row	Clues
1	30
2	7 4 14
3	6 3 13
4	6 2 2 2
5	5 1 2 1
6	2 3 1 2 1
7	1 8 2
8	2 2 2 4
9	7 4
10	4 2 2 4
11	2 6 4 2
12	1 2 1 4 2
13	2 3 1 5 2
14	6 1 1 8 2
15	1 2 1 7 1
16	1 2 2 2 2 1
17	5 2 4 3 1
18	2 3 6 1
19	2 1 5 1
20	3 2 2 2 1
21	5 3 2 1
22	6 2 1 1
23	6 2 4 1 1
24	6 2 6 2 1
25	6 2 6 1 1
26	5 2 6 2 1
27	13 2 1
28	11 2 2
29	7 8
30	2 8

B53 매일 누워있어도 이것만 있다면 심심하지 않아요

난이도 ★★★☆☆

30×30

세로 열 힌트 (왼쪽부터)

열	힌트
1	2 3 5
2	2 3 2 2 5
3	2 2 2 1 3 5
4	2 2 8 5 5
5	2 3 1 6 5
6	2 3 1 5 3
7	2 4 1 3 1 2
8	2 5 2 3
9	2 7 2 3
10	1 9 1 2
11	1 4 1 14 1
12	4 1 1 2 1
13	3 1 1 2 2
14	3 1 1 2 1 2
15	2 1 2 4 3
16	19 2
17	10 4
18	1 5 1 2 1
19	2 4 1 3
20	1 1 3 1 2 2
21	1 2 2 15 3
22	2 1 2 2 5
23	2 2 3 4 3 1
24	2 1 1 2 2 1 2
25	2 2 1 1 2 2 3
26	2 1 1 1 2 1 5
27	2 3 7 4 1 5
28	2 2 2 3 3 5
29	2 4 2 3 5
30	2 1 2 5

가로 행 힌트 (위부터)

행	힌트
1	11 4 11
2	9 8 9
3	5 2 3
4	6 3 3
5	6 4 3
6	7 5 3
7	8 7 3
8	29
9	1 2 2 1 1
10	2 3 3 3 2
11	6 7 5 5
12	1 1 1 1 1
13	1 1 1 1 1
14	1 1 1 1 1
15	1 1 1 1 1
16	1 1 1 1 1
17	1 1 1 1 4
18	1 1 1 1 2 2
19	2 2 1 3 1 2 3
20	2 4 1 2 2 1 1 2
21	1 4 1 5 1 1 2 2
22	7 1 3 1 2 4
23	5 1 1 2 2
24	3 4 3 4
25	2 2 5
26	5 2 3 2 3 5
27	5 2 1 5 5
28	6 1 2 3 6
29	7 2 2 1 7
30	7 4 8

B54 한 손으로 소리를 낼 수 있어요

난이도 ★★★☆☆

30×30

Column clues (left to right, top to bottom):

Column	Clues
1	11 6
2	11 7
3	11 3 5
4	2 8 8 4
5	2 12 3
6	3 8 3
7	3 6 2
8	3 4 2
9	1 6 3 3 2
10	2 3 2 2 3 1
11	4 2 4 1 1
12	4 2 2 3 1
13	5 4 1 2 1
14	4 5 2 2 2
15	3 4 1 3 2
16	4 3 1 4 2
17	4 2 1 2
18	2 2 2 2 1
19	1 4 1 3 1
20	5 2 3 2
21	7 2 3 2
22	8 3 1
23	9 3 2
24	10 3 2
25	5 7 4
26	3 5
27	2 8
28	1 5
29	1 7
30	11

Row clues (top to bottom):

Row	Clues
1	7 4 6 10
2	8 3 5 8 1
3	3 4 7 8 1
4	5 7 10 1
5	7 2 1 8 2
6	10 1 6 2
7	9 2 4 2
8	9 2 3 3
9	8 4 2 3
10	7 6 2 3
11	6 9 1 3
12	2 3 2 1 2
13	1 2 2 1 1
14	1 2 5 1 1 1
15	2 1 3 2 2 1 1
16	1 4 1 1 3
17	1 2 2 2 2
18	1 1 1 1 1 2
19	1 6 2 1 2
20	1 5 1 2
21	1 3 1 1 1
22	2 1 1 1
23	1 2 2
24	2 1 2
25	2 1 3
26	3 2
27	4 4
28	6 2
29	9 3
30	15

B55 작은 것도 크게 볼 수 있어요

난이도 ★★★☆☆

30×30

Column clues (top to bottom):

Column	Clues
1	8
2	7 6
3	3 3 5
4	2 5 2 4
5	2 5 1 8
6	3 3 4 4
7	4 2 2 2
8	5 4 4 1 1 1
9	6 2 2 2 1 1 1 1
10	6 5 2 2 1 1 1 1
11	7 4 4 10
12	5 2 1 3 1 6 2
13	5 2 3 4
14	6 2 2 1 1
15	6 3 3 1 1
16	4 10 1 1
17	7 3 1 1 1 1
18	7 3 3 1 1
19	6 3 2 2 1
20	5 1 1 1
21	4 2 5 1
22	6 3 3
23	12 1 2
24	10 2 1
25	7 2 2
26	5 2
27	2
28	3
29	4
30	5

Row clues (left to right):

Row	Clues
1	10
2	14
3	16
4	18
5	9 9
6	6 2 3 4
7	9 2 4
8	3 3 3
9	2 5 2 3
10	1 7 2 3 3
11	2 1 1 2 2 2 1 4
12	1 1 1 4 1 2 1 2 1
13	1 1 2 1 2 2 1
14	1 2 1 2 1 1
15	1 2 2 2 2
16	1 2 2 1 2
17	2 1 2 5 3
18	1 2 2 2 2 1
19	2 1 5 2
20	4 3 1
21	8 3
22	12 1
23	8 2 3
24	12 9
25	6 3 2 6
26	6 4 1 2 3
27	3 1 1 6 2
28	2 1 6 1
29	1 1 2
30	1 1 4

B56 바람을 넣으면 점점 커져요

난이도 ★★★☆☆

30×30

Column clues (left to right, top to bottom):

Col	Clue
1	9
2	3 4
3	1 4
4	2 4
5	1 4
6	2 4
7	1 4
8	1 5
9	1 6
10	1 7
11	1 6 1
12	2 7 2
13	2 6 1
14	1 2 7 1
15	2 2 7 1
16	1 14
17	4 2 3
18	5 2 1 2
19	4 2 1 3
20	3 2 9 1
21	3 4 4 1
22	4 1 1 3 1
23	6 2 2 2
24	8 1 1 3 1
25	7 2 2 2 2
26	12 1 1 2
27	14 1 2
28	11 2 1 2
29	11 4 2
30	9 14

Row clues (top to bottom):

Row	Clue
1	8
2	11
3	13
4	2 9
5	2 8
6	7 1 1 8
7	3 2 2 1 7
8	3 3 1 1 5
9	1 4 5
10	2 1 3 5
11	1 2 2 7
12	1 2 1 5
13	1 1 3 1
14	1 2 2 4
15	1 4 2 3 2
16	1 12 1
17	2 6 1 6
18	4 9 1 2 2
19	15 2 1 1
20	15 1 2 1
21	12 1 3 1
22	8 1 2 2
23	2 1 1 3
24	3 1 2 1
25	6 2 1
26	1 2 1
27	2 3 1
28	6 1
29	1 1
30	1 1

B57 식빵을 바삭바삭하게 해줘요

난이도 ★★★☆☆

30×30

Column clues (left to right, top to bottom)

Column	Clues
1	19
2	3 2 2 5
3	1 1 1 4
4	2 2 2 4
5	2 2 5 3
6	1 2 3 3
7	8 3 3
8	9 3 8 3
9	10 12 2
10	3 2 3 2
11	3 2 2 2 2 2 2
12	3 2 2 2 2 2 1
13	3 7 1
14	3 8 1
15	2 9 11
16	2 5 1 3 1
17	2 3 2 3 2
18	1 3 1 1 2
19	2 3 2 2 2
20	5 2 1 2
21	2 2 2 2
22	2 2 2 2
23	2 2 1 3
24	2 2 2 2
25	5 1 2
26	1 2 2 3
27	1 1 2
28	2 1 3
29	2 3 3
30	15

Row clues (top to bottom)

Row	Clues
1	7
2	7 2
3	6 1
4	5 6
5	4 10
6	3 6 4
7	3 5 1 2
8	5 4 2 2
9	2 3 5 4 1
10	3 3 5 4 2
11	1 7 3 4 5
12	2 6 3 4 3 2
13	1 7 3 1
14	1 5 2 1
15	1 2 3 1
16	1 2 3 1
17	1 4 1 1
18	1 1 2 2 1
19	5 4 1 1
20	2 3 2 2 2 1
21	1 2 2 2 1 2
22	2 3 2 1 3
23	5 2 2 1 4
24	1 2 2 1 4
25	1 2 1 4
26	2 2 2 1 3
27	4 2 1 4
28	8 1 3
29	11 1 3
30	18

B58 + B59 누가 이길까요?

30×30

Column clues (left to right, top to bottom):

Col	Clues
1	11 5
2	11 5
3	11 5
4	10 5
5	9 5
6	8 5
7	8 1 4
8	7 2 4
9	7 2 4
10	6 2 4
11	5 3 4
12	5 2 2 4
13	4 2 3 4
14	3 1 6 4
15	3 2 9 4
16	3 2 2 6 4
17	2 2 4 2 6
18	2 2 2 2 1 5
19	2 2 2 2 2 5
20	2 1 2 2 2 5
21	1 1 3 1 1 2 2
22	2 2 2 1 1 1 2 2
23	1 1 2 1 1 1 1 2
24	2 1 1 1 1 1 2 2
25	1 1 1 2 1 1 2 2
26	3 2 1 1 3 1
27	2 1 1 2 2 1
28	1 2 2 5 1
29	4 6
30	5

Row clues (top to bottom):

Row	Clues
1	19
2	20
3	16 3
4	13 3
5	12 3 3
6	10 8 2
7	9 5 8
8	7 2 1
9	5 2
10	4 3
11	3 3 1
12	5 1
13	6 2
14	5 5
15	2 5 2
16	4 1
17	2 2 1
18	3 3 2
19	5 10
20	10 2
21	4 4 1
22	6 2
23	2 9
24	2 1
25	2 3
26	6 9
27	22
28	20
29	25
30	28

\+

난이도 ★★★☆☆

30×30

							1																						
						1	5	2	3	4	4																		
					2	6	1	4	3	2	2	5																	
		11	11	11	8	1	1	3	3	2	1	2	6	7							3								
	12	1	2	1	1	2	1	1	2	1	1	2	9	3	8		1			1	3	3	4	5					
	2	2	1	1	1	1	1	2	1	2	1	3	2	4	2	8	5	4	3	9	3	2	2	1	5	6	7	8	10
15	3	2	1	1	1	4	2	1	1	1	1	2	2	1	2	2	2	2	2	1	1	1	1	1	2	2	1	2	2

18	10		
6	9	9	
5	8	9	
5	7	7	
6	6	6	
6	5	4	
7	5	3	
8	6	2	
9	4	1	
10	4	1	
12	2		
2	8	1	2
1	3	1	
1	2	1	
2	1	1	
3	1	2	
7	1	1	
6	2		
5	2	2	
5	1	2	
2	2		
1	1		
2	6		
8	4	1	
3	1	2	
3	4		
3	10		
1	5		
2	5		
8			

B60 우유로 그림을 그려요

난이도 ★★★☆☆

30×30

Column	Clues
1	14
2	3 7
3	9 2 5
4	3 5 4
5	2 6 3 3
6	2 9 3 3
7	1 3 3 2 2
8	2 2 3 3 2
9	1 3 5 2 2 2
10	1 6 2 3 3 1
11	2 2 2 3 2 3 1
12	1 3 2 2 2 3 1
13	1 5 3 2 1 3 1
14	1 1 3 1 1 3 1
15	1 2 3 2 2 1 3 1
16	1 2 2 2 2 2 3 1
17	1 1 2 2 2 2 3 1
18	1 4 1 3 2 3 1
19	1 3 1 2 1 2 1
20	2 3 5 2 3 1
21	1 7 3 2 1
22	1 3 3 3 2
23	2 3 3 3 2
24	2 8 4 2
25	2 4 3 2 3
26	3 4 2 3
27	10 2 4
28	1 3 2 5
29	2 4 7
30	21

Row	Clues
1	10
2	4 4
3	3 8 2
4	2 5 2 5 2
5	2 7 6 2
6	1 5 2 2 5 1
7	2 2 1 5 1 2 2
8	1 2 3 3 2 2 1
9	1 2 5 1 5 2 3
10	1 2 1 3 2 2 2 1 2
11	1 2 1 1 2 1 2 1 1
12	1 2 3 1 3 2 1 1
13	1 3 3 4 3 2 1
14	1 3 3 4 3 3 1
15	2 4 1 1 3 3 1
16	1 5 6 2 1
17	4 9 2 2
18	4 1 3
19	2 2 2 4
20	1 2 1 2 2
21	1 2 4 1
22	1 3 4 1
23	1 5 4 1
24	2 15 2
25	2 11 2
26	3 7 3
27	4 4
28	6 6
29	9 9
30	30

B61 향긋한 커피를 내려줘요

난이도 ★★☆☆☆

35×35

Column clues (left to right, top to bottom)

Column	Clues
1	4
2	11 2 2 5
3	1 1 1 2 1 5
4	3 1 5 1 1 4
5	1 1 3 1 3 3 1 4
6	1 1 1 1 1 1 2 2 4
7	1 1 3 1 1 2 1 4
8	1 1 8 2 1 4
9	1 1 1 1 3 1 4
10	1 1 12 1 4
11	1 1 3 12 1 4
12	1 1 1 1 1 1 3 1 4
13	1 1 3 1 1 3 1 4
14	3 1 1 2 1 4
15	1 1 1 2 1 4
16	12 3 1 5
17	12 8 6
18	3 4 1 8
19	12 1 7
20	4 4 1 8
21	26 4
22	3 16 3 2
23	24 3 1 1
24	31
25	1 19 1 2
26	2 14 2 2
27	19 1 1
28	2 1 1 1 1
29	2 1 1 1 1
30	17 1 1
31	1 1 1
32	2 2 2
33	1 1 3
34	9
35	1

Row clues (top to bottom)

Row	Clues
1	16
2	1 1 1 5
3	1 1 1 6
4	1 9 2 6
5	1 2 8
6	1 2 1 4 3
7	1 3 3 2 1 1 3 3
8	1 1 1 1 1 2 1 1 3 1 2
9	1 3 3 2 1 1 3 1 1
10	1 4 1 3 1 1
11	1 6 5 1
12	26 1
13	1 2 10 1
14	1 2 8 1
15	1 2 7 1
16	1 2 7 1
17	1 2 10
18	1 2 7 1
19	8 7 1
20	2 2 2 7 1
21	1 5 2 7 1
22	14 7 1
23	3 10 1 7 1
24	2 1 16
25	1 2 1 5 3
26	1 3 1 4 1
27	2 1 1 6 3
28	5 3 2 1 7 1
29	2 1 3 3 1
30	2 7 4 3 1
31	2 5 3 1
32	20 1 1
33	24 3
34	21 3 2
35	20 1 8

B62 겨울에 입을 옷을 만드나 봐요

난이도 ★★☆☆☆ (2.5)

35×35

Column clues (left to right, top to bottom):

Column	Clues
1	14
2	6 4
3	4 1 3
4	2 2 2
5	3 2 2
6	2 1 2
7	2 2 2 2
8	2 4 3 2
9	4 1 3 4 3
10	10 1 2 2 4
11	12 1 2 6
12	15 2 2
13	6 6 1 6
14	6 1 4 1 2 10
15	6 3 2 1 5 6
16	6 3 1 2 2 3 2
17	6 1 1 1 4 1 3 3 1
18	5 3 1 2 1 3 3
19	5 2 1 1 3 3 1
20	4 1 1 1 1 2 1 3 3
21	3 3 2 3 2 2 3 1
22	5 3 3 2 4 3 3
23	5 1 4 1 1 2 3 1
24	6 6 1 5 1
25	14 2 9 1
26	10 1 2 1 2 3
27	6 2 3 4 2
28	2 4 2 4
29	2 1 6
30	2 2 2 2
31	2 1 1 1
32	2 2 1 1
33	2 1 1
34	4 2 2
35	14

Row clues (top to bottom):

Row	Clues
1	9
2	13
3	15
4	10 4
5	10 5
6	8 4
7	4 4
8	3 4 4 3
9	4 2 2 3
10	4 2 2 3
11	5 1 4
12	5 4 4
13	5 2 4
14	6 6
15	14
16	4 6
17	3 2 2 2
18	2 3 2 2
19	2 6 6 2
20	2 2 1 1 2 2
21	1 2 3 3 2 2
22	5 2 9 1 4
23	4 1 1 1 2 3
24	3 2 1 1 1 2 3 2
25	3 2 2 1 1 1 3 1 3 2
26	2 4 3 1 1 1 2 2 1 1
27	2 2 2 4 1 1 1 1 4 1
28	1 2 3 2 1 1 1 1 2 2 1
29	1 3 2 1 1 1 1 2 2 6
30	1 2 1 3 1 1 1 1 2 2 2
31	1 2 1 3 1 1 1 1 3 1 1
32	2 2 2 2 1 1 1 1 1 3 1
33	3 2 2 1 1 1 2 2 1
34	10 3 1 1 1 1 3 2
35	10 12 8

B63 웃으며 다가오는 벌금

난이도 ★★☆☆☆ (2.5/5)

35×35

Column clues (top to bottom):

Column	Clues
1	35
2	21 8
3	19 6
4	17 4
5	15 3
6	7 3 1
7	1 2 2 3 1
8	3 2 1 3 4 1
9	2 4 1 3 6
10	1 4 3 4
11	1 2 1 1 5
12	2 1 4 2 5
13	3 2 1 5 5
14	2 2 4 5
15	1 1 3 2 6
16	3 3 2 2 3
17	4 3 2
18	1 3 3 1
19	9 4 3 1
20	13 4 5 2
21	33 1
22	17 5 8
23	15 1 3 6
24	12 1 2 3 3 1
25	11 2 4 1 1 1
26	11 3 2 1 2
27	13 1 3 1 3
28	13 2 4 5
29	12 1 2 2 1 5
30	11 3 2 6
31	11 2 1 2 1 2
32	12 3 2 3 1
33	23 2 1
34	24 5 1
35	35

Row clues (left to right):

Row	Clues
1	7 5 18
2	6 2 3 2 17
3	6 3 1 3 17
4	8 2 17
5	7 19
6	6 2 2 18
7	6 2 2 18
8	5 3 17
9	5 3 17
10	5 1 1 1 16
11	5 4 16
12	6 5 3 4
13	7 4 1 2 2 3
14	7 5 3 3
15	5 3 1 4
16	4 1 1 2 2 2 5
17	4 1 1 2 3 2 4
18	3 1 1 2 2 2 3
19	3 1 2 1 3 3 3
20	2 2 3 4 4
21	2 2 2 6 4
22	1 3 2 3 2 3
23	1 2 7 3 1 1 4
24	1 3 3 3 4 1 2
25	1 1 2 2 2 1
26	1 1 1 2 2 1
27	1 1 3 3 1
28	2 1 3 1
29	2 2 1 3 2
30	3 2 2 5 2 2
31	3 9 6 4 3
32	4 8 7 3 3
33	5 8 4 4 2
34	5 8 1 2 6 1
35	6 1 25

B64 우리는 늘 기다려요

난이도 ★★⯪☆☆

35×35

Column clues (left to right, top to bottom)

Column	Clues
1	30
2	12 9
3	10 2 5 8
4	10 2 2 2 7
5	11 2 2 2 6
6	2 1 2 2 2 2 6
7	2 2 2 2 2 1 5
8	2 1 2 2 5 4
9	3 2 2 2 3
10	4 1 2 13
11	1 2 1 1 1 3
12	1 2 9 2 3
13	2 2 1 1 1 4
14	2 5 2 1 3 3
15	3 3 4 1 2 3 2
16	3 5 6 1 3 4
17	4 5 6 1 3 5
18	4 2 1 3 1 3 5
19	6 1 2 5 2 7
20	6 2 1 1 1 2 2 4
21	5 9 1 1 2 2 2
22	4 7 2 1 4 1
23	1 12 5 2
24	3 1 2 4 1 4 2
25	2 1 1 3 2 2 2 1 2
26	1 1 1 3 1 1 1 1 4
27	1 1 2 2 1 1 1 1 2 1
28	1 2 3 2 1 1 2 1 1 2
29	1 1 3 1 1 1 1 1 1
30	1 1 1 1 1 1 3 1
31	2 3 2 1 2 1 1
32	1 4 5 3 1 1
33	2 3 1 9 6
34	2 4 6
35	7 6

Row clues (top to bottom, left to right)

Row	Clues
1	22 7
2	10 10 2 3
3	5 3 8 1 2
4	7 5 12 2
5	5 3 4 3 3 1
6	5 2 7 5 1 1
7	5 2 5 1 1 7 1
8	5 3 2 5 2 5
9	5 1 2 5 2 4
10	5 1 2 3 2 1 2
11	2 2 1 3 4 1
12	3 3 1 5 3 2
13	1 2 4 1 9 2
14	1 3 4 4 12
15	1 3 6 3 2 1
16	1 2 2 5 1 4 2
17	1 3 2 7 4 1
18	1 1 2 4 7 1
19	1 1 2 1 3 1 1
20	1 2 2 1 1 1 3 1
21	1 2 1 1 2 1 4 1
22	2 2 1 1 11 1
23	3 3 1 2 1
24	4 1 1 13
25	6 1 7 1
26	7 1 5 2 2
27	8 1 6 2 2
28	17 2 4
29	15 2 2 4
30	13 2 1 2 3
31	5 3 3
32	6 2 3 3
33	8 8
34	5 3
35	3 2

B65 복을 불러들이기 위해 차고 다니는 주머니

난이도 ★★☆☆☆ (2.5/5)

35×35

Column clues (left to right, top to bottom):

Column	Clues
1	12 1
2	3 8
3	4 3 6
4	6 2 4
5	2 2 2 5 2
6	2 2 2 4 2 3
7	3 6 3 3 2 2
8	16 4 2
9	3 6 2 1
10	2 2 4 3 1
11	1 1 10 8 1
12	1 3 6 3 2 1
13	1 3 3 2 2 1
14	1 6 2 2 2 1
15	1 8 3 1 1 1 5 1 1
16	1 5 2 2 2 1 1 2 1
17	1 5 2 1 1 9 1 1
18	1 5 2 1 1 1 1 1
19	2 3 2 1 1 1 5 1 1
20	1 3 2 1 1 1
21	1 4 2 1 1 3 5 1 1
22	1 4 1 2 1 1 1 1 1 1 1
23	1 5 3 2 1 1 1 5 1 1
24	1 7 2 2 1 1 1 1 1 2 1
25	1 6 3 1 1 3 5 1 1
26	1 4 3 2 2 1
27	1 3 4 2 2 1
28	2 2 2 2 3 3 1
29	2 2 2 7 2
30	4 2 2
31	3 3
32	2 3
33	3 5
34	3 5 2
35	14

Row clues (top to bottom, left to right):

Row	Clues
1	6 4
2	4 3 3
3	1 5 3 2
4	1 17 2
5	1 17 1
6	1 17 1
7	4 1 5 6 2
8	6 2 2 2 2
9	2 3 1 1 2 2
10	2 5 2 1 1
11	4 6 1 2 3
12	12 5
13	20 2
14	4 2 11 2
15	4 2 1
16	2 2 2 9 2
17	2 5 3 3 2
18	1 3 2 2 1
19	2 2 2 5 5 2 2
20	1 2 1 1 1
21	2 3 2 5 5 2 2
22	1 1 1 1 1 1 1 1 1
23	1 3 1 1 1 1 5 1 1
24	1 2 1 1 1 1 1 1
25	1 1 2 1 1 1 1 5 1 1
26	1 1 1 1 1 1 1 1 1 1 1 1
27	1 1 1 1 1 1 1 5 2 1
28	2 4 2 1 1 1 1 1 2
29	2 3 2 1 5 2 2
30	3 2 2 2
31	3 3 3 3
32	4 9 4
33	5 3 1
34	8 7
35	3 26 2

B66 나를 아프게 해요

난이도 ★★☆☆☆ (2.5)

35×35

																								2										
											3	4											4	2										
											2	2											2	1	2									
											1	4										6	4	1	2									
									2	2	2	1									5	4	2	2	3	2								
								1	2	1	2	1	6	5	4	4	5	5			1	3	2	1	1	2	2							
			2	3				1	2	3	1	2	4	1	3	4	1	4	4	4	1	1	2	2	2	4	1							
		12	3	2	5	5	3	2	2	2	2	2	1	1	1	8	1	8	1	3	1	2	3	2	5	6	2	3		4	3	1		
	10	2	8	4	2	5	6	5	3	2	5	7	1	4	1	1	9	1	1	4	1	9	2	1	1	2	5	6	5	3	5	5		
5	4	2	1	5	10	6	2	2	2	3	3	3	17	17	17	2	3	2	13	17	18	3	3	3	3	2	4	3	2	3	3	4	8	2

								3	3
						2	5	6	1
						5	4	3	5
						4	4	4	4
							6	10	5
						1	4	15	4
								1	18
						3	2	4	2
				4	2	4	2	4	2
			5	1	1	4	4	1	1
			5	1	4	1	1	4	2
					3	2	5	4	2
							2	3	4
						2	3	14	3
3	1	1	1	1	1	1	3	2	1
		2	2	3	1	1	3	2	2
					2	2	7	3	3
						2	3	3	5
							3	10	5
						2	12	1	2
							2	18	1
							20	2	1
					2	5	10	2	2
					1	1	12	2	2
						1	1	16	2
					2	2	14	2	3
					4	5	1	4	5
						2	6	5	4
					2	5	1	5	3
								3	15
								3	10
							2	3	2
							2	6	6
							2	7	7
							2	7	7

B67 구름을 타고 다녀요

난이도 ★★☆☆☆ (2.5)

35×35

Column clues (top to bottom):

Column	Clues
1	12 4 6
2	12 2 2 7
3	13 6 7
4	12 2 2 7
5	11 4 2 6
6	11 2 1 2 7
7	10 2 3 2 3
8	10 1 3 2 2
9	4 3 1 3 2
10	3 5 3 6 2 1 1
11	2 3 4 6 1 1 1
12	1 3 2 2 1 6 1 1 1
13	2 1 1 1 3 2 1 1 1
14	3 3 3 1 2 2 1
15	7 3 2 2 2 1 2
16	6 2 3 3 7 1 3
17	3 1 2 2 1 2 1 3 2
18	2 1 1 1 1 3 5 3 1
19	4 2 5 1 3 1
20	4 4 4 4 4 1
21	4 5 3 3 1 1 2 1
22	4 3 2 2 2 1 1 2
23	4 1 1 3 1 1 1 2
24	4 2 5 1 3 2
25	2 9 2 4 1
26	2 7 1 5 4 1
27	4 4 1 2 2 5 1
28	1 1 4 1 1 4 1 2
29	3 3 6 4 1 2
30	2 4 5 4
31	7 5 6 4
32	8 2 1 7 5
33	8 1 1 6 7
34	9 4 1 5 8
35	9 3 16

Row clues (left to right):

Row	Clues
1	12 4 5
2	11 10 3 1 5
3	10 14 3 5
4	9 2 4 6 2 6
5	8 4 2 9 6
6	8 2 3 4 2 5
7	8 1 11 5 5
8	8 3 2 11 4
9	8 2 3 5 2
10	8 3 3 2 3
11	6 2 2 1 1 3
12	4 1 1 2 2 1
13	1 1 7 10 1
14	3 5 2 1 3 2
15	3 2 3 2 1 3 1
16	2 5 4 2 7
17	2 11 1 1
18	1 3 2 3 2 3
19	4 3 2 1 2 2 3
20	2 2 1 3 3 1 1 6
21	2 5 2 1 2 1 7
22	2 2 2 1 1 11
23	5 1 1 1 14
24	1 2 7 6 1
25	3 5 1 2 2 1
26	3 2 3 3 1
27	2 2 8 1
28	6 5 6 2
29	3 2 4 5 3
30	6 7 3
31	6 2 4
32	6 6
33	7 1 6
34	9 3 3 8
35	35

B68 목이 길고 털이 복슬복슬해요

난이도 ★★☆☆☆ (2.5)

35×35

Column clues (top to bottom)

Column	Clues
1	2 4 6
2	3 6 3 2
3	1 4 11 6
4	2 4 1 1 3 1 4
5	1 1 3 1 4 6
6	1 1 1 1 1 8
7	1 3 1 4
8	1 2 2 1 3
9	3 3 2 3
10	1 2 5 12
11	9 2 2 10 1
12	2 2 2 4
13	1 3
14	3 1 4
15	3 6 9
16	1 4 3 6 4 5
17	7 1 7 13
18	2 1 3 1 7
19	1 1 1 1 1 2 1
20	1 3 2 1 1
21	1 2 2 2 2
22	3 4 11
23	1 2 1 3 10
24	5 8 1
25	2 5 1 1
26	2 2
27	1 9
28	1 4 5
29	1 1 8
30	1 6 6
31	2 5 2 3
32	2 13
33	1 2 4 1
34	1 3 7
35	22 4

Row clues (left to right)

Row	Clues
1	4 4 4 4
2	2 6 2 1 6 2
3	2 3 3 3
4	5 2 5 2
5	3 2 1 3 2 2
6	4 3 1 4 3 1
7	2 3 1 1 2 3 1 1
8	2 1 2 1 2 1 1 1
9	2 3 1 1 1 3 2 2 3
10	2 1 1 5 2 2 5 1
11	4 3 5 1 2 3 1
12	1 2 2 3 3
13	1 1 1 1 2
14	1 2 1 1 2
15	1 2 1 2 1
16	1 1 1 2 1
17	1 2 1 1
18	1 1 1
19	1 1 1
20	1 1 1 1
21	1 1 1 1
22	1 1 1 1
23	2 2 1 3 1
24	1 3 2 1 5 1
25	1 2 2 4 1 1 1 1
26	1 2 2 3 1 1 1 1
27	1 2 3 2 2 1 1 1
28	1 2 1 1 2 1 2 1 1
29	1 2 1 2 2 1 1 1 2
30	6 2 4 2 9
31	3 2 2 4 2 8
32	7 3 5 2 4 4
33	1 16 2 9
34	10 7 3 7 2
35	5 9 11 7

B69 심장을 찾기 위해 모험을 떠나요

난이도 ★★☆☆☆

35×35

열	힌트
1	2 2 3 2
2	11 2 2 2
3	11 3 1 2
4	6 4 2 1 1 2
5	11 4 2 2
6	11 5 3 2
7	2 3 2 2 2 2
8	3 1 2 2 3 3
9	2 3 13 1 1 1
10	11 1 3 2 1
11	1 1 1 2 1 1 3 1
12	2 1 2 13 1 1 1 1
13	2 3 1 1 1 1 1 1 1 1 2 1
14	1 3 1 1 1 1 1 1 1
15	2 1 3 1 1 1 4 1
16	1 1 1 1 1 1 3 3
17	1 1 3 1 3 1 1 2
18	2 3 1 1 4 1 3 3
19	1 3 1 1 4 1 1 4 1
20	2 1 1 1 4 1 1 1 1
21	2 1 2 1 3 1 1 1 2 1
22	6 3 1 1 1 1 1
23	22 5 1
24	1 3 1 1 3 3 2 1
25	2 3 2 1 2 2 1 1
26	10 4 1 2 3
27	4 5 3 5 2
28	15 4 1 3 2
29	9 6 1 1 3 2
30	2 2 8 2 2
31	7 2 4 2
32	8 1 2
33	4 3 2 2
34	8 1 2
35	13 2

행	힌트
1	1 4 2
2	5 3 3 4
3	7 2 2 6 1
4	7 3 2 6 3
5	5 2 2 1 2 5
6	5 16 1 2 5
7	2 2 1 2 2 2 4 2 2
8	2 2 1 7 2 4 2 2
9	5 3 1 1 15
10	9 10 13
11	10 6 5
12	11 2 1 1
13	16 1 1
14	4 1 2 2 1 1
15	2 1 1 1 1 3 1
16	1 1 2 1 1 3 1
17	2 1 1 2 2 5 5 1
18	4 2 5 1 1 2 2
19	2 2 1 5 1 6
20	2 1 2 3 3 3
21	3 1 1 1 2 2 2
22	2 2 2 2 3 5
23	3 4 1 1 3 1
24	1 4 1 1 1 6
25	2 1 15 1 1
26	3 2 2 2
27	1 1 2
28	17 2
29	1 1 1 1
30	7 6
31	1 1 1 1
32	4 1 1 4
33	3 4 4 3
34	8 3 10
35	35

B70 시금치를 먹으면 힘이 세져요

난이도 ★★☆☆☆

35×35

Column clues (left to right, top to bottom)

Column	Clues
1	9 4 18
2	4 7 2 6 6
3	3 4 1 1 3 5 5
4	2 3 4 2 2 3
5	2 2 2 6 5 1
6	2 2 2 3 7
7	2 2 1 1 3 1 1 9
8	1 2 1 1 3 2 2 9
9	1 2 2 1 2 3 1 1 6
10	1 2 2 1 2 3 7
11	1 3 1 1 4 2 2 4
12	1 5 2 1 1 2 1 5
13	1 3 3 3 1 1 2 1 2 3
14	2 3 3 2 1 4 1 3
15	6 1 1 1 1 1 5
16	1 6 1 2 1 1 1 2
17	2 4 1 2 2 7 3
18	2 3 3 2 2 6 2 2 1
19	2 2 5 4 2 1 4 1
20	2 1 1 11 1
21	2 2 2 6 1 1
22	1 2 4 2 4 1
23	5 6 3 1
24	2 3 5 1 2 2
25	2 1 6 2 3 1 3 2
26	2 2 6 3 1 1 2 1
27	1 3 6 3 1 4 2
28	2 7 1 1 2 2 1
29	12 1 1 1 1 2
30	12 1 2 2 2
31	12 2 3 3
32	13 1 5 4
33	13 2 5 1 6
34	14 3 3 2 6
35	15 5 4 7

Row clues (top to bottom, left to right)

Row	Clues
1	14 7 2 9
2	7 2 5 4 8
3	3 1 2 2 7
4	2 8 3 1 7
5	1 16 2 2 7
6	1 17 5 8
7	4 1 3 2 9
8	3 4 3 1 5 11
9	3 2 2 7 2 11
10	1 1 2 2 2 1 11
11	1 3 1 1 11
12	1 2 2 1 11
13	3 7 2 1 2 4
14	1 3 5 2 5 2
15	1 2 1 2 2 3 1
16	2 1 1 3 4 2
17	3 1 3 1
18	1 1 2 1 2
19	2 2 3 2 2 1
20	3 1 4 2 9 1
21	3 1 8 8 1 1
22	3 2 1 2 4 3
23	2 2 8 3 4 2
24	2 5 1 2 2 1 3 3
25	1 2 7 2 2 1 1 2 1
26	1 1 6 4 2 1 1 1
27	1 1 5 2 1 2 1 1 2
28	1 1 4 3 2 1 2 3
29	1 6 2 3 2 2 1
30	2 7 2 3 1 3
31	3 6 2 2 1 2 3
32	3 8 1 2 3 4
33	4 10 2 2 5
34	4 11 4 7
35	5 19 8

B71 옛날에는 노래를 들을 때 이것을 사용했어요

난이도 ★★★☆☆

35×35

Column clues (top to bottom):

Column	Clues
1	13 1
2	9 5 1
3	8 1 2 1
4	5 2 1 2 1
5	4 2 2 1 1
6	3 1 1 2 1
7	3 2 1 4 1
8	6 1 1 3 1 1
9	2 4 2 2 1 1
10	2 2 4 1 3 2
11	1 5 1 9
12	1 8 2 2 2 2
13	1 10 3 2 2 2
14	2 2 3 1 2 2 2
15	3 4 1 4 2 2
16	3 2 2 1 6 2 2
17	2 2 1 9 2 2
18	2 1 2 10 2 2
19	3 2 4 3 4 2 2
20	4 1 2 5 3 2 2
21	7 2 2 3 2 2
22	5 2 4 2 3 2 2
23	5 6 7 4 2 2
24	5 3 4 2 2
25	5 8 2 2
26	5 2 3 7
27	5 1 5 3 2
28	5 1 5 3 3
29	5 4 4 3 4
30	5 1 1 1 3 3 1
31	5 4 3 3 3 1
32	5 4 1 3 3 1
33	5 4 1 9 1
34	5 4 4 3 1
35	5 4 1

Row clues (left to right):

Row	Clues
1	35
2	10 22
3	8 2 17
4	5 1 1 16
5	4 1 2 15
6	3 2 1 1
7	3 1 1 4
8	4 1 1 3 2
9	2 2 2 1 2 1
10	1 3 2 1 2 1
11	1 2 5 1
12	1 7 1
13	2 12 2
14	4 4 3 2 5
15	1 2 1 5 5
16	1 2 1 2 2 7
17	2 1 1 1 1 1 5
18	2 2 2 3 1 1
19	4 1 2 1 1 6
20	2 15 4
21	6 9 4 1
22	5 3 3 2
23	4 1 3 3
24	6 7 3
25	16 4
26	2 13 3 1
27	2 10 3 2
28	2 3 2
29	19 3
30	18 3
31	1 1 3
32	1 1 3
33	1 1 3
34	20
35	35

B72 신발에 바퀴가 나란히 달렸어요

난이도 ★★★☆☆

35×35

											11	2		1		3	4		1	1					2									
											3	5	1	3	1	5	1		1	2	3	3	2		2	9		4	4					
								4	3	2	1	3	3	4	4	8	2	2	1	1	3	2	1	1	2	1	6	2	1	4	3	3	3	
						8	5	4	5	5	2	1	4	1	2	2	7	3	2	1	1	2	2	7	10	7	7	1	2	2	1	2	2	
			8	7	6	2	6	4	1	11	3	2	1	5	5	4	2	1	1	1	9	10	10	10	2	4	1	4	3	5	2	1	2	3
19	17	16	4	2	4	3	5	1	4	4	1	5	8	1	12	1	3	8	8	13	2	1	2	3	2	2	8	8	6	5	2	2	2	9

								35
					13	3	3	10
				10	1	3	3	9
			9	1	1	1	2	5
					8	1	1	6
					7	2	8	5
5	1	3	1	1	1	1	1	3
4	2	5	1	1	1	1	1	3
			3	8	1	1	3	1
			3	8	2	2	3	1
		3	1	5	2	2	3	2
				4	5	2	4	1
					8	2	4	1
				6	6	1	2	2
						4	15	5
					3	17	2	1
					2	17	1	1
						1	20	1
					1	1	14	2
					2	9	2	1
					1	11	1	1
					1	2	6	3
					1	2	7	2
					1	1	1	9
					1	1	1	4
						6	2	5
					1	1	5	3
						7	2	3
							7	6
						3	4	4
						2	7	2
							9	1
							8	3
						2	2	4
								8

B73 곤란한 사람들을 도와줘요

난이도 ★★★☆☆

35×35

													2	3		3																		
													2	2	3	2																		
												4	2	1	1	1	2	5			2													
												2	3	3	1	1	2	4			1	1	2	1										
	3						5		1			2	2	2	6	2	2	5	6	5	3	1	1	2	2	2	1		2					
	1	8	9	9	8		1	6	1	1	8	1	1	1	1	1	2	1	2	2	4	7	5	5	1	2	4	2	4	2	1	2	1	
2	1	3	4	2	2	9	3	5	4	2	10	5	2	4	6	1	1	2	3	4	2	1	1	2	1	1	9	4	10	15	14	13	11	
4	2	1	2	4	1	2	3	2	8	10	1	2	2	4	1	4	5	4	3	2	2	1	2	1	6	7	2	12	1	1	2	1	2	12
12	12	12	12	11	11	11	7	6	6	6	5	5	5	2	2	2	3	5	9	4	4	4	3	3	5	5	3	3	3	2	1	1	1	4

				4	7
				5	9
		5	2	3	3
			6	2	3
		10	1	1	3
	7	1	1	1	5
		10	1	4	4
	7	3	2	1	4
	4	1	3	8	2
	3	2	8	4	2
		1	1	3	3
	3	2	7	3	3
2	7	3	1	5	1
2	2	4	2	1	7
1	3	2	2	2	6
	3	8	2	3	5
1	3	6	5	5	5
		3	8	4	6
	1	1	6	4	7
	2	2	5	6	8
			3	14	10
		2	2	2	10
		2	2	4	11
	4	1	3	2	13
			8	4	8
			7	6	7
			7	8	5
		7	2	6	2
		8	2	4	2
11	1	1	3	2	2
		16	2	5	3
		15	5	2	2
			14	13	1
				31	1
					35

B74 몸을 동그랗게 말아요

난이도 ★★★☆☆

35×35

							5						4				5	4												4				
					6	5	5	4			2	3	2	5	8	6	1	1	1						2	2				2				
3		5			3	4	2	4	3	2	1	5	4	3	3	2	2	2	2	4	1		1	2	3	2	6	6	6	1	3			
4	5	5	4	14	3	5	3	2	1	2	2	2	2	2	2	2	2	1	1	1	2		2	2	4	1	3	3	1	2	3	2		4
2	5	6	4	2	2	2	2	3	2	2	1	2	2	2	1	2	2	2	1	2	2	1	2	3	3	10	2	1	3	1	2	1	3	3
8	11	3	12	3	2	2	1	2	2	2	2	2	1	2	4	1	2	1	2	7	2	5	3	2	1	6	3	5	2	6	1	1	2	7
1	1	2	2	2	3	4	4	6	6	2	1	1	2	1	1	6	4	4	3	4	11	14	9	8	8	3	9	12	13	5	15	14	14	2

				3	3	4
			4	4	5	5
	3	4	4	1	2	5
	4	4	3	4	1	6
		4	3	7	2	4
			5	5	2	4
		5	3	3	6	2
			1	4	13	1
		6	4	2	1	2
	2	5	2	2	4	2
3	4	3	2	2	2	2
	5	3	1	1	2	4
		5	2	2	2	1
	4	2	2	1	2	2
			5	2	2	5
				3	3	6
				4	2	3
		1	3	2	1	1
		2	3	2	1	1
		1	3	3	2	2
		1	2	4	2	3
			4	4	7	4
	6	6	3	2	1	4
				8	9	9
			4	5	3	7
		4	6	6	2	7
			5	7	4	9
				2	3	16
					7	18
		4	4	4	10	4
				3	9	14
		2	7	4	6	8
					5	19
				9	1	19
					21	13

B75 강아지가 재미있는 걸 타고 있어요

난이도 ★★★☆☆

35×35

Column clues (top to bottom):

Column	Clues
1	25
2	21 3
3	2 17 2 4
4	1 10 2 8
5	1 3 1 4 2
6	3 2 1 3 2
7	3 1 3 2 7
8	1 5 6 6
9	6 4 4
10	6 8 3
11	6 5 2 3
12	6 2 1 3
13	6 2 2 1 2
14	6 6 3
15	6 4 2
16	7 3 5 2
17	7 2 2 7 3
18	8 1 2 2 2
19	8 1 1 1 2
20	9 1 1 2 5
21	9 2 1 3 1 6
22	9 1 2 6 2 3 2
23	10 1 1 8 2 1
24	10 1 5 3 2
25	10 1 4 6
26	11 2 2 1 2 6
27	11 2 3 1 3
28	11 4 1 2
29	12 1 2 2 3
30	10 2 1 3 5
31	9 4 2 1 1 5
32	8 8 2 6
33	9 6 2 1 6
34	19 5
35	18 4

Row clues (left to right):

Row	Clues
1	5 28
2	3 27
3	2 30
4	2 30
5	2 30
6	3 28
7	4 3 20
8	6 18
9	5 12 3
10	5 8 2
11	4 5 4 2
12	4 2 4 2 3
13	4 1 6
14	4 2 5
15	4 1 2 2 2 5
16	4 2 5 2 5
17	3 5 4
18	3 7 1 2 2
19	3 5 3 2 4
20	3 4 4 3 2 2
21	3 1 1 5 10
22	1 2 2 1 5 4 1
23	1 4 2 1 2 5 2 4
24	2 4 2 5 4 2
25	5 1 2 1 1 2
26	7 2 1 2 2 3
27	9 1 1 2 4 3
28	12 4 4
29	2 11 8
30	2 3 20
31	6 11 5
32	4 3 3 3
33	2 2
34	3 3
35	5

B76 앞에 유리가 있는 것처럼 보여요

난이도 ★★★☆☆

35×35

Column clues (top to bottom):

Column	Clues
1	5 8
2	1 4 4 2
3	5 4 1
4	1 4 2 1
5	2 2 1
6	6 2 1
7	1 2 1 1
8	7 2 1 2
9	3 5 2 2 4
10	2 1 1 1 2 6
11	2 4 8 11
12	2 6 2 12
13	2 9 2 13
14	4 5 2 1 15
15	4 8 20
16	4 5 3 13
17	4 3 1 2 11
18	4 3 3 1 1 8
19	4 3 4 2 1 7
20	4 2 1 2 1 4
21	4 2 2 1
22	4 2 2 1 6
23	4 2 2 1 2 1 9
24	4 2 1 4 1 12
25	4 2 3 1 17
26	4 3 4 2 15
27	3 3 1 3 14
28	1 5 4 8 2
29	2 11 2 2
30	1 5 2 2 1
31	2 8 2 1 1
32	3 1 2 1 2
33	7 2 1
34	2 3 2
35	10 6

Row clues (left to right):

Row	Clues
1	12
2	14
3	14
4	18
5	4 3
6	2 14 2
7	2 19 1
8	1 9 7
9	1 6 4
10	7 1 1 6
11	5 4 4 3 2
12	3 2 1 2 1 2 1 1 3
13	4 3 1 1 2 1 2 2 1 1 1
14	1 2 2 1 1 1 2 1 1 1
15	3 1 2 1 2 2 2 1 1 1
16	1 2 1 2 1 2 2 2 3 1 1
17	1 2 1 2 1 1 6 1 2 1
18	1 1 1 1 4 4 2 2 1
19	2 1 3 3 2 1 2 1
20	1 4 11 1 1 1
21	1 2 1 2 2 1 2
22	2 2 2 5 1
23	1 1 4 6 2
24	1 5 5 4 1
25	3 8 5 1
26	1 3 9 5 1
27	1 5 7 5 1
28	2 8 5 1
29	1 9 5 2
30	1 10 7 1
31	1 10 8 2
32	1 12 6 4
33	1 12 6
34	2 13 6
35	20 6

B77 머리를 하나로 묶었어요

난이도 ★★★☆☆

35×35

Column clues (left to right, top to bottom)

Column	Clues
1	5 10
2	4 3 10
3	4 14
4	1 1 1 11
5	5 1 1 1 2 8
6	14 3 1 5
7	6 3 4 2 3
8	5 2 2 6 2
9	4 2 3 2 3 1
10	5 3 1 2 1
11	6 3 1 3 1
12	7 1 2 2 4 1
13	7 3 1 3 2 1
14	8 3 2 5 2
15	8 1 2 3 3
16	6 1 2 2 2 3
17	7 2 2 1
18	12 2 3
19	10 2 1 2
20	11 5 2
21	13 2 2
22	11 1 2
23	2 6 5
24	2 1 3 7 4
25	1 1 16
26	1 3 14 2
27	1 4 14 5
28	9 20
29	27
30	10 6 7
31	6 3 2
32	3
33	5
34	7
35	9

Row clues (top to bottom, left to right)

Row	Clues
1	10 4
2	15 2 1
3	18 1
4	18 2
5	4 14 3
6	3 20
7	3 4 7 6
8	2 3 7 6
9	3 7 5
10	5 4 8 4
11	2 1 2 1 5 1 3
12	1 2 1 1 3 2 4
13	4 1 1 2 7
14	2 1 2 2 7
15	6 5 3 7
16	2 1 4 1 2 8
17	2 3 2 2 2 8
18	1 4 2 14
19	1 1 7 2 9
20	1 1 2 2 7
21	2 2 4 7
22	2 5 2 6
23	4 1 2 7
24	1 2 1 7
25	2 2 2 7
26	4 3 9
27	4 2 3 4
28	5 1 3 4
29	5 1 2 4 3
30	5 4 4 3
31	6 3 3 2
32	6 2 1 2
33	7 4 1 1
34	8 3 1
35	17

B78 길쭉한 악기를 입으로 불고 있어요

난이도 ★★★☆☆

35×35

Column clues (left to right, top to bottom):

Col	Clue
1	15
2	6 4 8
3	10 2 5
4	12 2 4
5	8 5 1
6	9 3 1 2
7	11 2 6 1
8	8 2 5 1
9	7 1 1 1 1
10	6 1 3 2 1 1
11	8 3 1 5 1
12	8 1 1 1 2 3
13	7 4 4 2
14	7 1 1 3 3 2
15	6 4 1 3 1 1
16	4 3 3 2 3 1 1 2
17	6 2 2 3 4 1 1 3
18	13 2 1 3 1 2
19	9 1 4 4 1
20	4 2 4 3 6
21	3 1 1 2 4
22	4 1 1 4 2
23	19 1 1 3 4
24	8 1 4 4
25	11 10 2 2 2 1
26	11 13 3 1
27	11 10 1 2
28	11 10 3
29	11 10
30	11 10 2
31	10 3
32	11 10 7
33	11 10 3 2
34	11 10 3 3
35	11 10 7

Row clues (top to bottom):

Row	Clue
1	9 1 6 4
2	14 1 6 4
3	16 1 6 4
4	16 1 6 4
5	18 1 6 4
6	13 4 1 6 4
7	7 4 4 1 6 4
8	7 3 3 1 6 4
9	6 2 1 6 4
10	3 2 4 5 1 6 4
11	3 1 2 5 1 6 4
12	4 2 2 1 1
13	5 2 1 13
14	5 19
15	4 6 16
16	2 3 1 1 15
17	2 4 2 14
18	2 2 2 13
19	1 1 4 15
20	1 3 2 12
21	2 1 7 11
22	1 1 3 2 11
23	1 1 2 5 1
24	1 2 5 2 1 2
25	1 2 1 2 2 2 3
26	1 2 2 5 4 4
27	1 3 1 3 2 1 2
28	2 6 6 1 1 1
29	2 3 1 3 2 1
30	2 1 7 2 3 1
31	3 1 2 1 2 1 2 2
32	4 2 2 1 6 3
33	6 5 1 2 1 2
34	4 9 1 1 2
35	4 1 4

C79 말을 할 줄 아는 동물이에요

난이도 ★★★⯪☆

30×40

Column clues (left to right, top to bottom)

Column	Clues
1	8 7 2
2	5 4 7 4 3
3	5 4 7 6 3 1
4	4 5 8 7 3 3
5	4 5 9 4 3 4
6	3 5 7 1 4 6
7	1 3 8 2 4 7
8	3 7 1 1 2 7 1
9	1 8 1 2 1 5 2
10	5 1 4 2 4 3
11	4 1 2 1 1 2 3
12	4 4 1 2 2 2
13	4 4 4 2 3
14	5 2 1 4 5
15	5 5 1 7
16	6 2 2 1 2 6
17	7 2 1 2 3 3 2
18	8 2 2 2 4 4
19	9 8 2 6
20	10 2 4 4 7
21	4 6 8 1 8
22	2 7 3 2 8
23	2 2 13 10
24	1 1 3 7 6
25	1 3 3 5
26	2 2 5 4
27	3 6 3
28	7 2
29	9 2
30	6 1

Row clues (top to bottom)

Row	Clues
1	5 7
2	7 5 3
3	6 4 2 3
4	5 5 1 2 2
5	3 5 1 2 3
6	1 7 4
7	6 9 5
8	8 11 6
9	9 16 2
10	7 17 2
11	1 3 5 5 2 1
12	2 4 2
13	3 3 3
14	4 3 2
15	4 3 1 2
16	5 3 2 1 2
17	9 2 2 1 2
18	12 2 2 2
19	7 4 2 3
20	5 2 5 3
21	4 2 3 4
22	6 3 4
23	4 5 5
24	2 2 5 3
25	2 3 2 2 1
26	5 3 3 1
27	4 3 3 2
28	8 4 2 1
29	7 7 3
30	2 6 9
31	6 6 2
32	1 3 5 3 1
33	2 3 2 2 6
34	1 3 2 8
35	2 3 1 8
36	1 3 2 8
37	2 3 1 8
38	1 4 2 8
39	8 9
40	3 9

C80 손잡이를 돌리면 사탕이 나와요

난이도 ★★★☆☆

30×40

열	단서
1	9 1 3
2	9 1 2 2
3	9 1 3 5
4	9 1 5 5
5	9 1 1 3 3
6	9 1 5
7	9 1 3
8	8 1
9	6 8 1 4
10	4 3 2 12 2
11	3 2 3 2 4 2 1
12	2 3 5 4 9 1 2
13	1 3 4 4 3 2 2 5
14	3 2 1 4 2 1 2 5 2
15	1 2 1 2 2 2 2 2 2 1 6 1
16	3 1 4 2 1 2 3 5 6 1
17	5 2 2 3 1 1 1 2 1 3 2 1
18	1 3 3 7 1 3 5 2 2 1
19	1 3 2 4 4 1 2 2 1 2 2 2
20	5 3 1 2 2 1 4 7
21	5 1 2 3 3 2 1 2 1 1 1
22	4 2 3 5 2 2 2 1 2
23	3 4 1 1 3 9 2 1
24	1 3 1 2 4 3 2 1
25	2 2 7 3 1 1
26	4 2 3 3 2 2
27	5 3 3 3 1 1
28	6 7 15 2
29	8 9 2
30	8 1 4

행	단서
1	13 6 7
2	12 4 4 6
3	11 2 9 5
4	10 4 8 5
5	9 2 8 2 4
6	9 2 2 3
7	8 2 3 2 2
8	8 1 3 2 2 1 2
9	7 2 2 6 3 2
10	1 1 3 3 1 1
11	1 4 2 5 1
12	1 2 1 1 2 3 1
13	1 2 1 4 2 1
14	1 3 5 2 2 1
15	1 5 2 4 2
16	2 3 2 2 1 1
17	2 3 8 2
18	2 9 2
19	2 3 5
20	6 6 2
21	14 2
22	1 1
23	2 10 1
24	1 2 2 2 2 1
25	1 1 3 1 2
26	10 1 1 3
27	1 1 6 1 2
28	3 1 1 8 1 2
29	2 2 1 1 1 1 1 2 1 2
30	5 1 1 2 3 1 2
31	5 1 1 3 1 2
32	3 1 2 2 3
33	2 10 3
34	3 7 3 1
35	1 7 1 4 2
36	3 2 4 6 2
37	5 11 3
38	1 3 2 4 1 5
39	5 2 4
40	3 6

C81 뼈만 남았어요

난이도 ★★★☆☆

30×40

Column clues

Column	Clues
1	3 19 1 1
2	2 19 4
3	11 19 4
4	4 2 18 1 2
5	2 9 13 1 2
6	1 2 2 11 9
7	2 2 10 2 1 1
8	2 2 8 10
9	2 2 3 2 2
10	4 2 1 2 3 2
11	3 2 4 2 2 3
12	1 2 1 2 3 1 2
13	2 3 6 1 1 1 1 3
14	1 3 1 1 1 1 3 3
15	1 1 3 7 2 1
16	1 1 6 2 1
17	1 1 3 3 1 3 3
18	1 3 1 1 1 1 1 1 3
19	2 3 6 1 1 1 1 1
20	1 2 2 2 3 2 3
21	2 2 5 3 3 2
22	5 2 2 2 2 2
23	1 2 2 5 2 8
24	2 1 2 2 9 4 1
25	10 1 11 1 8
26	3 3 13 3 1 1
27	11 14 1 1
28	3 19 3
29	4 19 4
30	3 19 2 1

Row clues

Row	Clues
1	1 1 1 2
2	1 1 1 1 1 2
3	5 2 4
4	3 5
5	4 7 6
6	3 3 3 3
7	1 1 1 2 1 1
8	1 1 2 2 2 1 1 1
9	1 1 1 2 2 1 1 1
10	1 2 1 2 2 1 1 1
11	5 2 1 1 2 4
12	2 2 3 3 4
13	2 2 2 1 1 2 2 1
14	2 2 1 1 1 1 2 2
15	2 2 9 2
16	2 3 5
17	5 3 3 3 2 5
18	7 2 3 2 6
19	8 1 9 1 7
20	8 1 2 2 7
21	8 11 7
22	9 2 2 2 8
23	9 9 8
24	9 1 1 8
25	8 10 8
26	8 2 2 2 8
27	7 1 2 2 1 7
28	6 3 6 3 6
29	5 2 4 4 2 5
30	4 2 3 2 2 4
31	4 5 2 3 3
32	4 1 2 3 1 3
33	4 3 4 3
34	4 1 1 1 1 3
35	3 1 1 1 1 3
36	1 1 1 1
37	5 1 1 1 2
38	3 1 1 1 6
39	6 3 2
40	5 6

C82 새끼손가락을 걸어요

난이도 ★★★½☆

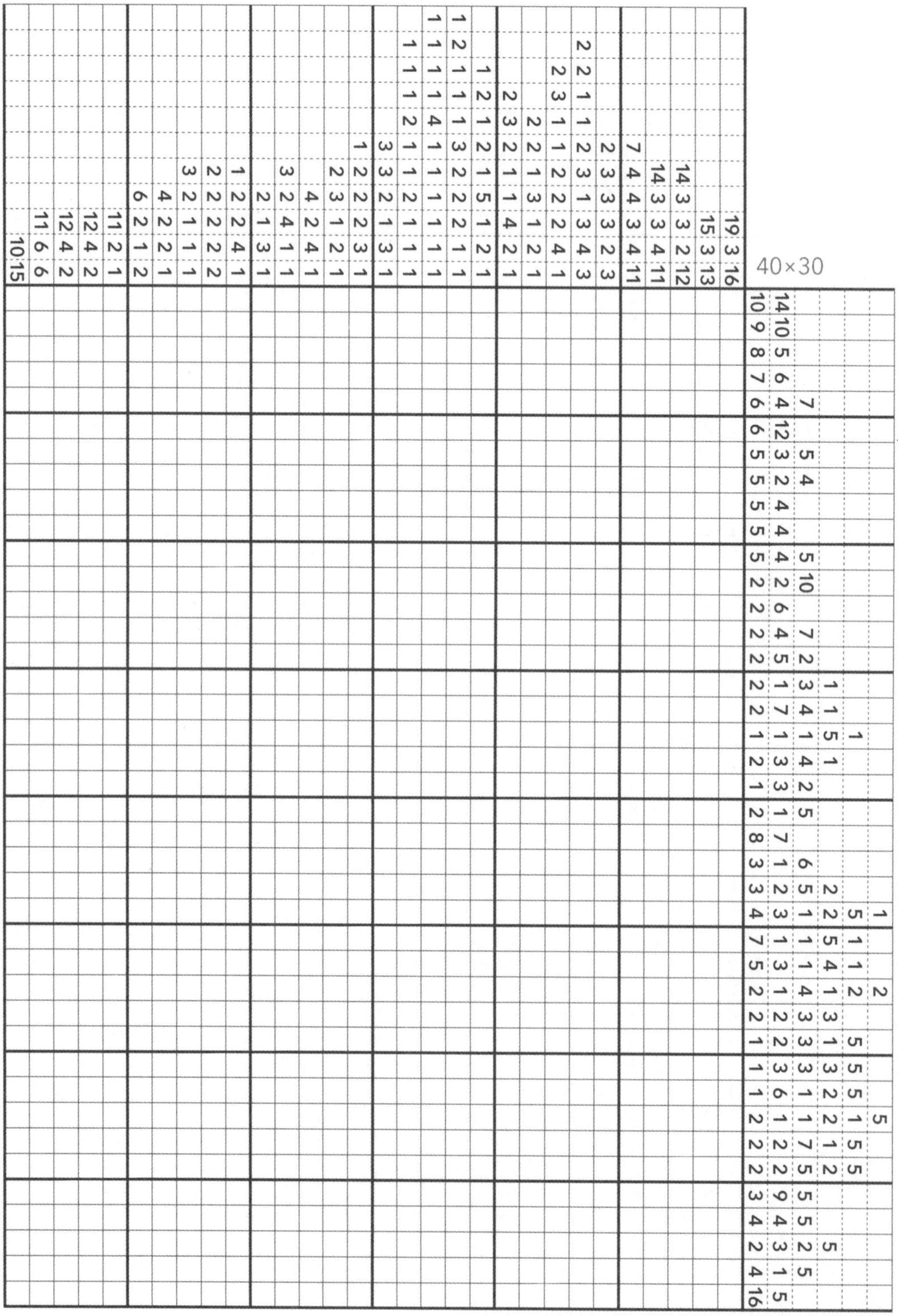

C83 상대를 먼저 쓰러트려야 해요

난이도 ★★★☆☆

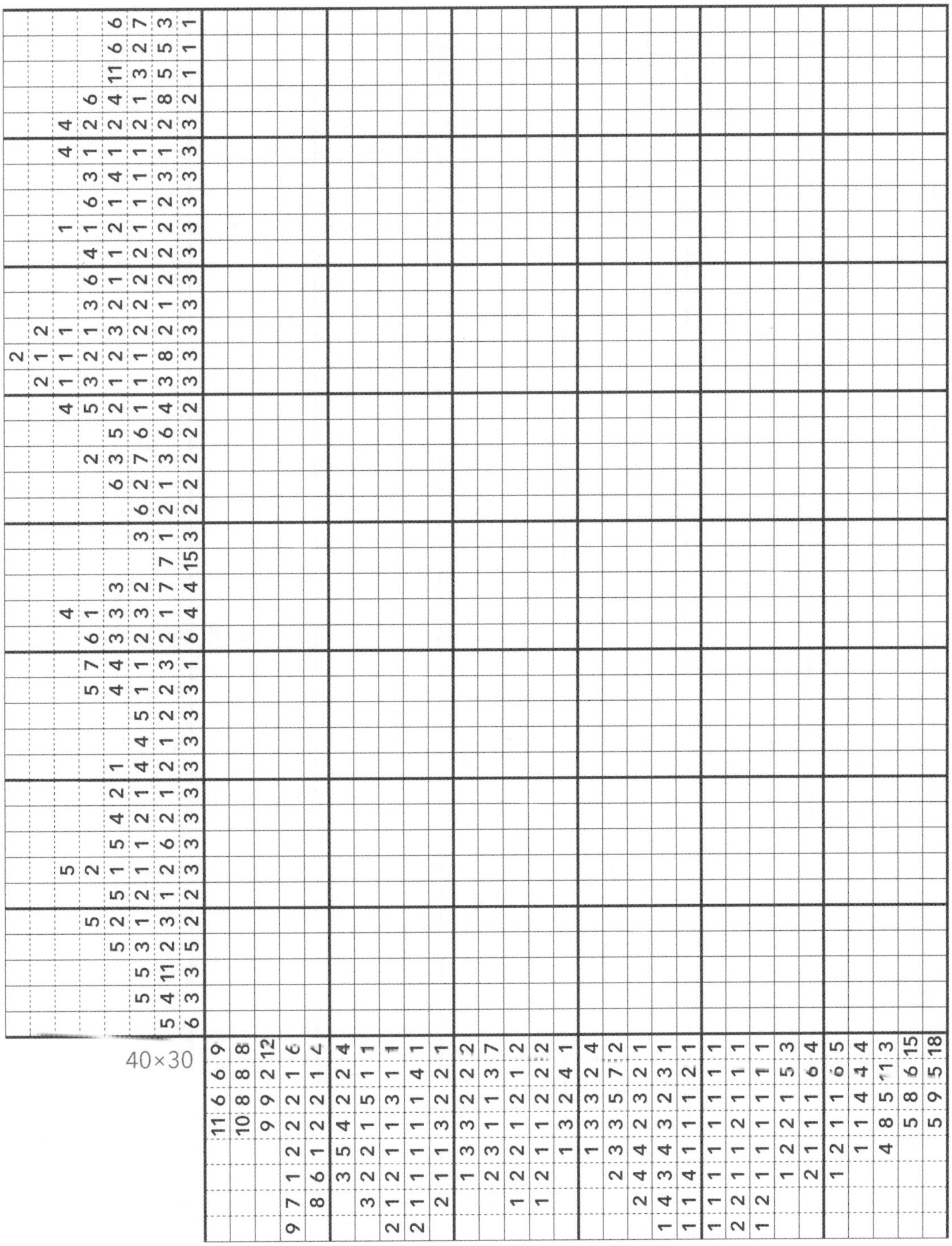

40×30

C84 커다란 코가 달린 안경

난이도 ★★★☆☆

40×30

Column clues (left to right, top to bottom):

Column	Clues
1	4 1 2 1 2
2	4 1 2 3 4
3	3 13
4	3 12
5	3 11
6	3 9
7	2 9
8	2 2 3 8
9	2 2 1 1 10
10	2 1 2 1 3 3
11	1 1 3 2 3
12	1 1 3 2
13	1 2 2 3
14	1 6 2 2 2
15	9 3 4 3
16	3 4 3 11 4
17	3 6 2 7 6
18	2 1 2 2 5 3
19	2 2 4 15 4
20	2 2 2 3 5 1 2 3
21	2 3 5 2 1 2 2 1 2
22	8 4 2 1 1 1 1 1
23	1 3 2 3
24	3 5 2
25	8 2
26	1 8
27	1 3 5 3
28	1 5 4
29	10
30	7

Row clues (top to bottom):

Row	Clues
1	14 4
2	10 9
3	6 7 4
4	2 3 2 3
5	2 2 4
6	2 2 2
7	2 1 2
8	1 2 2 4
9	4 4 2 2 1 2
10	6 5 2 2 2
11	6 5 2 4 2
12	7 5 2 2 2
13	5 2 4 2
14	6 1 6 2
15	7 1 1 1 1 2 3
16	7 2 1 1 2 2
17	6 1 1 2 1 2
18	8 1 1 1 2
19	4 3 3 2
20	4 4 2 3
21	2 7 2 4
22	4 2 2 3
23	3 2 4 2
24	2 2 3
25	2 2 1
26	2 2 2
27	2 2 4
28	2 2 2
29	2 2 3
30	3 2 4
31	3 3 2
32	6 4
33	3 3 2
34	8
35	8
36	3
37	4
38	4
39	4
40	4

C85 몸을 둥그렇게 말고 자요

난이도 ★★★☆☆

40×30

Column clues (left to right, top to bottom):

Column	Clues
1	12 5
2	12 2 3
3	11 2 5
4	11 2 3 1
5	11 1 2 1
6	10 1 1 2
7	10 4 3
8	10 1 7
9	9 1 1 1
10	9 1 1 1
11	9 4 1 2
12	8 6 2 2
13	8 5 4 2
14	8 2 2 3 2
15	7 1 2 3 1
16	7 1 2 2 1
17	7 2 2 1
18	6 1 2 1
19	6 2 2 1
20	6 1 1 1
21	5 2 3 2
22	6 2 10 3
23	3 4 10 5
24	2 3 2 3
25	1 2 4
26	1 2 1 1
27	1 1 1 1 1
28	1 1 2 1 2 1
29	4 5 2 1 1 1
30	13 1 2 1
31	1 8 7 1 2
32	9 4 5 2
33	7 2 2 1 2
34	6 2 1 4 3
35	7 3 2 3
36	6 2 1 2 4
37	6 1 1 2 4
38	6 1 3 4
39	1 8 3 3 5
40	2 9 3 5

Row clues (top to bottom):

Row	Clues
1	26 4 2
2	24 6 1
3	23 11
4	22 14
5	23 12
6	20 3 13
7	17 4 4 6
8	14 12 2 3
9	11 4 5 1 2
10	8 3 3 1 2
11	5 4 2 2 1
12	2 2 2 1 2
13	1 2 1 1 1
14	2 2 4 3
15	3 2 8
16	2 2 2 3 1 1
17	2 2 2 1 3
18	2 2 2 4 1
19	2 2 3 2 2 2
20	6 7 9 3
21	4 2 8 1 4
22	2 1 2 3 1 3 2
23	2 11 1 6
24	2 2 1 5 2
25	1 1 1 2 1
26	1 2 1 1 2
27	1 1 2 1 5
28	3 2 2 7
29	2 9 2 10
30	5 12 12

C86 땅을 밀어요

난이도 ★★★½☆

40×30

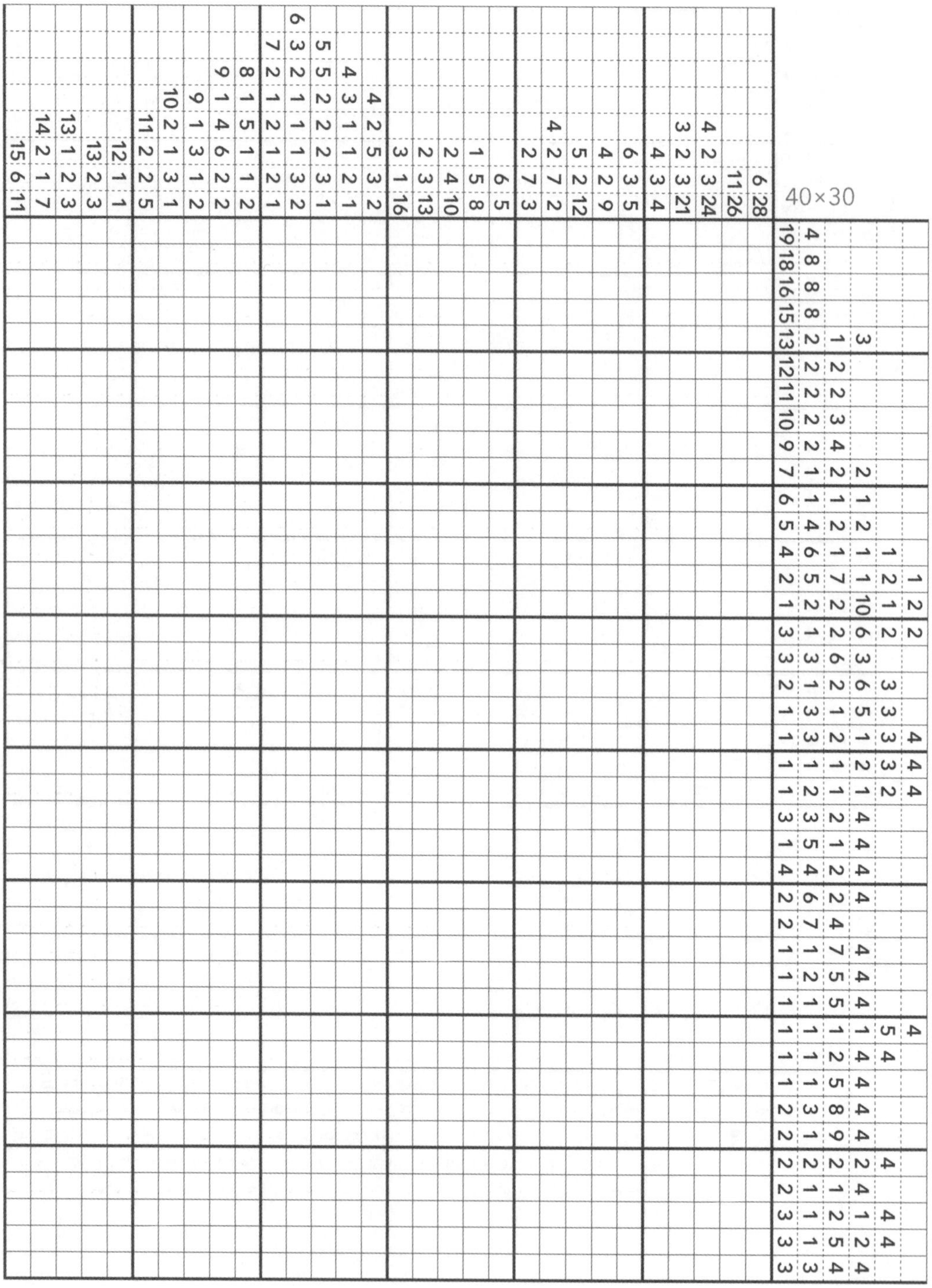

C87 물고기가 낚시를 해요

난이도 ★★★⯪☆

40×30

Column clues (left to right, top to bottom)

Column	Clue
1	4 8 5
2	2 3 14
3	3 4 14
4	10 5 7
5	4 4 2 5 4
6	2 4 1 3 4
7	2 1 2 5 2 3
8	2 5 1 3 2 2
9	2 4 1 5 2
10	2 1 7 2 1
11	2 3 4 1 1
12	3 4 1 5 1 1
13	8 1 4 1
14	3 2 3 7 2 1
15	2 2 2 1 2 1
16	2 1 3 9 1
17	2 1 3 4 2 1
18	3 5 1 1 1
19	1 1 3 6 1 2
20	3 2 8 2
21	1 1 1 2 1 3
22	3 2 6 3
23	1 2 2 2 1 3
24	4 2 4 4
25	2 1 3 4
26	4 1 7 5
27	2 1 2 2 8 1
28	4 3 4 1 1 1 6
29	1 3 2 5 1 2 4
30	2 1 2 1 3 1 1 1 3
31	1 2 2 1 6 1 2 3
32	1 2 3 2 2 1 1 4
33	3 4 4 1 2 6
34	1 2 2 4 1 5
35	1 6 4 2 8
36	1 8 12
37	6 2 10 1
38	1 3 2 9
39	2 3 12
40	7 6 5

Row clues (top to bottom)

Row	Clue
1	6 8
2	9 3 1 3
3	3 3 1 2 1 2
4	2 2 4 2 1 1
5	3 2 6 2 2 1 1 1
6	2 2 1 1 4 2 2 1 1 1
7	3 13 3 2 4 2
8	2 2 8 4 1 6 3
9	1 3 3 3 4 2 6
10	5 2 3 4 3
11	5 2 2 2 1
12	3 3 4 2 2 1 1 1
13	1 2 2 2 2 1 1 2 1
14	4 1 4 1 1 2 1 2
15	3 6 2 2 1 1 1
16	2 4 1 1 1 3
17	5 1 1 1 2
18	4 8 2 1 4
19	7 2 4 2 7 7
20	5 1 2 1 6 1 6
21	5 1 3 1 2 4 5 2 2
22	3 1 2 1 1 1 2 2 3 1 3 5
23	3 2 3 1 1 1 2 3 3 8
24	4 1 3 3 1 2 1 1 1 3 6
25	3 2 1 2 1 1 3 2 3 5
26	5 4 10 3 8
27	6 10 5 9
28	7 20
29	9 8 9 3
30	4 35

C88 엉덩이가 아플 것 같아요

난이도 ★★★★☆

40×30

세로 열 힌트 (위쪽)

열	힌트
1	3 27
2	5 28
3	9 29
4	6 31
5	7 26 2
6	6 6 3 9 1
7	4 2 2 6 2
8	2 3 2 11
9	2 2 5 2
10	3 2 2 1 2
11	6 2 2 2 1
12	2 3 4 1
13	3 1 2
14	6 3 2
15	4 2 3 5 3
16	5 2 2 2 6
17	5 2 1 2 2 3
18	6 4 2 1 2 1 4
19	12 2 1 2 6
20	5 2 1 2 8
21	4 3 2 1 7 1
22	3 3 4 7 1 1
23	5 2 9 1 1
24	10 1 1 2 9 2 1
25	16 1 3 1 6 1 1
26	16 3 1 1 1 2 1
27	16 10 2 1 2
28	31 6
29	31 7
30	40

가로 행 힌트 (오른쪽)

행	힌트
1	3 7
2	6 4 7
3	7 7 7
4	7 8 7
5	6 8 7
6	7 6 7
7	4 2 6 7
8	1 1 1 1 7
9	1 2 1 1 7
10	2 2 1 1 7
11	1 1 1 1 6
12	3 2 2 1 6
13	5 1 1 2 6
14	6 3 1 6
15	6 2 1 8
16	6 1 2 1 6
17	6 1 2 1 3
18	6 2 2 4
19	5 2 10
20	5 3 2 5
21	5 2 2 2 6
22	5 4 1 2 1 4
23	10 2 2 2 4
24	8 3 2 4
25	6 2 4
26	5 6 4
27	5 2 5 4
28	6 2 1 1 3 3
29	7 1 2 2 4 3
30	8 1 1 4 3
31	10 1 2 4 4
32	11 2 1 7 1
33	9 2 1 6 1
34	9 1 11 2
35	6 5 9 3
36	6 1 2 8 5
37	5 1 2 4 3 3
38	4 1 2 6 3
39	5 4 2 2 4
40	13 11

C89 호수에 우아하게 떠 있어요

난이도 ★★★★☆

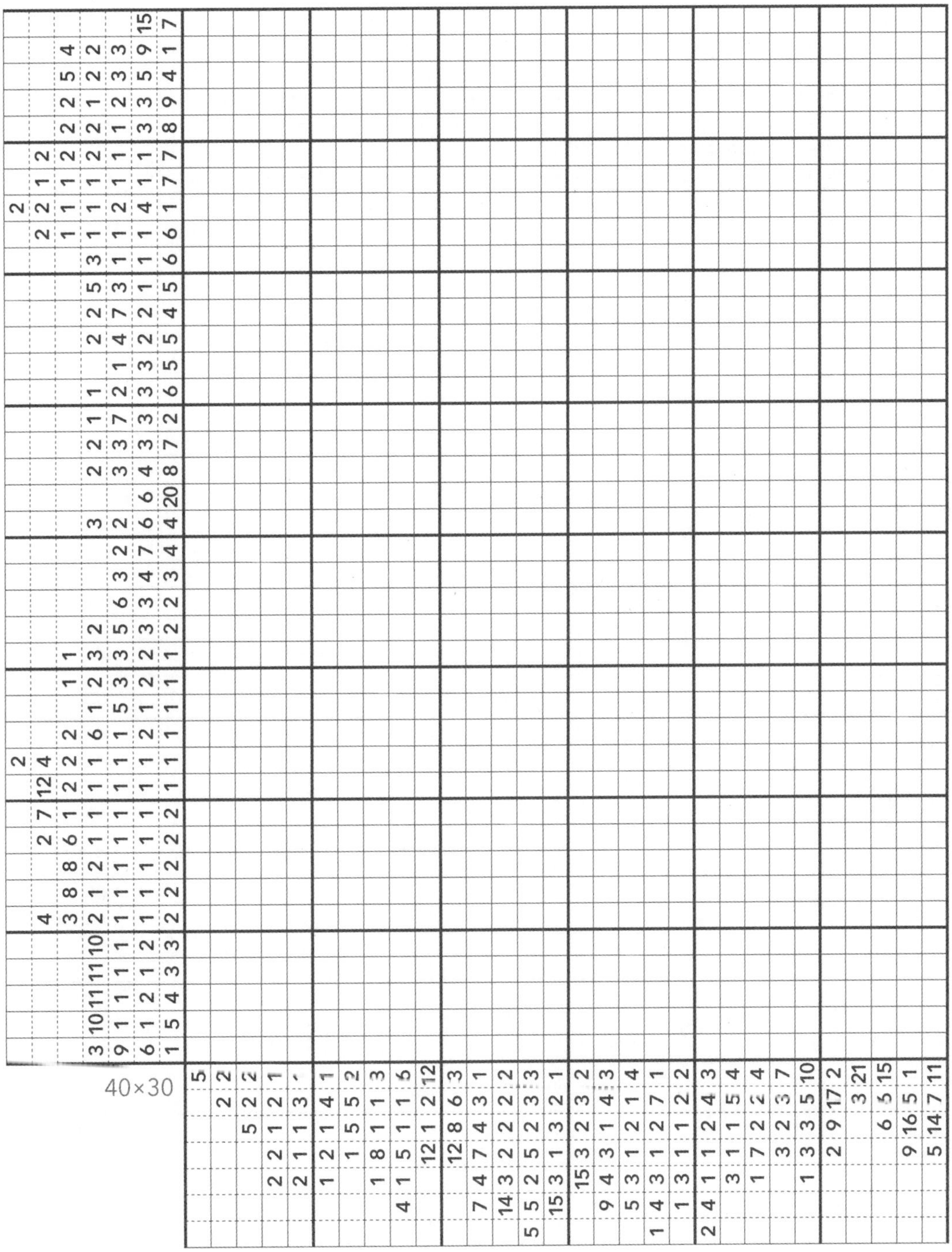

40×30

C90 주전자 주둥이가 너무 길어요

난이도 ★★★★☆

40×30

세로 열	힌트
1	4 15
2	6 6 8
3	3 4 1 1 7
4	3 6 5 6
5	8 3 5 5
6	3 2 3 1 1 4
7	3 11 1 3
8	3 3 6 12
9	5 4 12
10	12 15
11	13 11
12	1 11 2
13	3 12 8
14	1 1 13 6 5
15	6 3 3 2 4
16	1 2 1 1 2 4 2
17	1 2 1 2 1 7 1
18	1 2 1 3 1 3 6
19	1 2 5 7 4
20	1 2 3 1 3 1
21	1 2 2 1 6 2
22	1 2 2 6 2 1 3
23	1 2 7 1 1 1 6
24	1 2 2 5 1 8
25	6 2 14
26	1 1 2 9 7
27	3 2 2 2 2 2
28	1 2 7 5
29	6 2 2 2
30	6 3

가로 행	힌트
1	3 6 6
2	5 2 1 1 1 1 2
3	6 2 15 2
4	3 1 2 1 1 2
5	2 1 21
6	2 4 21
7	6 5
8	3 2 5 3
9	2 1 5 7
10	2 7 3 4
11	2 6 2 1 1 3
12	1 6 1 1 1 1 1
13	2 1 4 2 1 1 3
14	1 2 3 1 1 4
15	3 3 1 3 3
16	2 7 1 3
17	1 2 4 2
18	1 3 1 2
19	1 2 6
20	2 1 2 4
21	2 2 1 3 1
22	2 4 2 2
23	3 5 2 2
24	3 3 3 5
25	6 6 7
26	5 2 2 1 2
27	2 2 1 2 2 2
28	2 2 1 2 1 2
29	10 3 2 3
30	2 6 1 2
31	2 4 1 1 2
32	1 4 1 1 1
33	2 4 5 1
34	3 4 5 1
35	4 4 1 3 1
36	5 4 3 2 1
37	6 4 2 2 2
38	11 1 4
39	11 2 2
40	11 3

C91 눈을 가리고 힘껏 내리치면 사탕이 나와요

난이도 ★★★☆☆

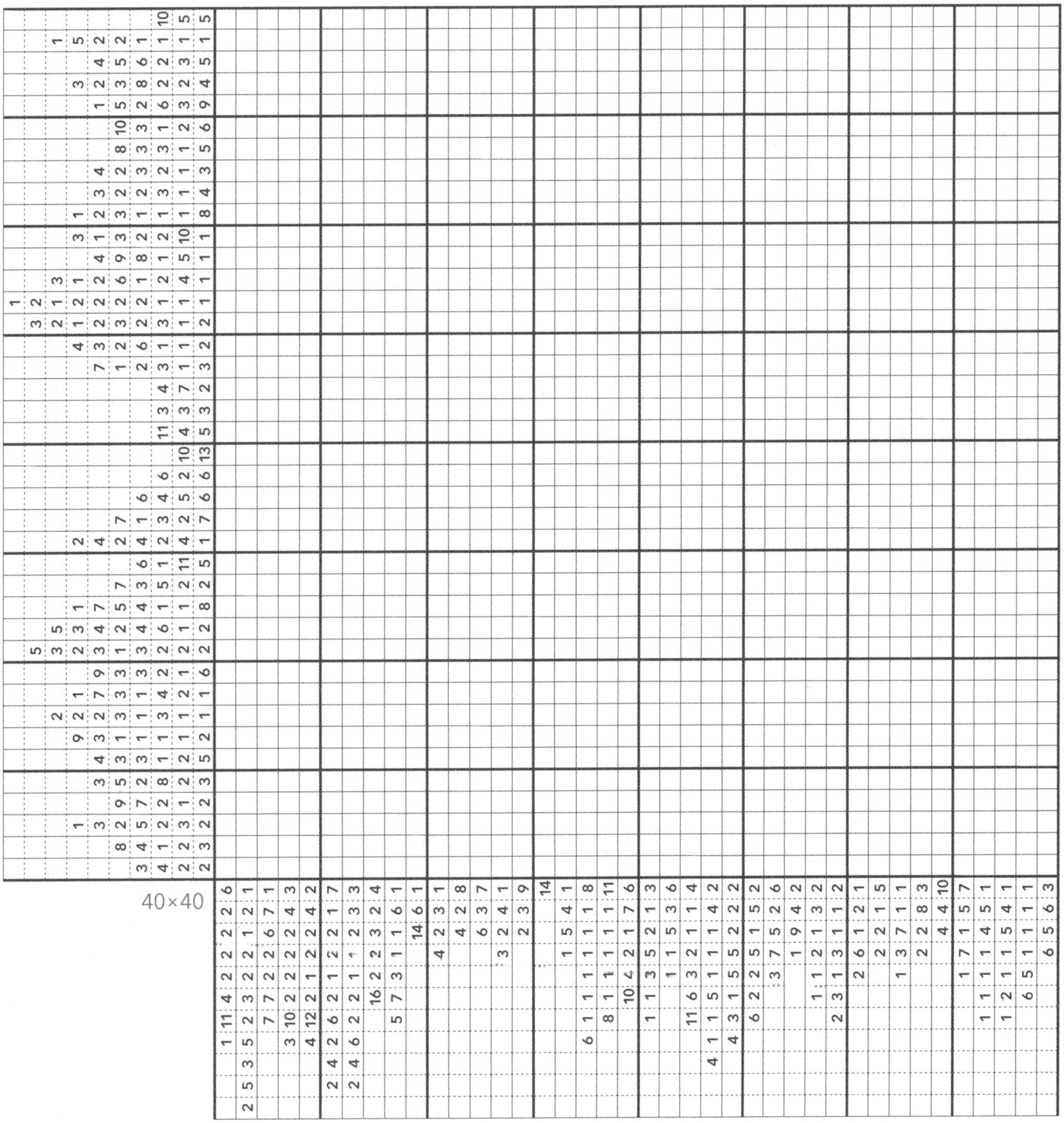

40×40

C92 함께 운동을 해요

난이도 ★★★½☆

40×40

Column clues (top to bottom, columns 1–40)

Column	Clues
1	2 3 2 2
2	3 1 1 2 2
3	1 3 1 2 2
4	1 2 1 2 2
5	1 1 1 2 2
6	1 1 1 2 2
7	2 2 1 1 2
8	2 1 1 1 2
9	2 4 2
10	3 2 2
11	1 2 1 2
12	1 1 1 2
13	2 1 1 1
14	1 1 2
15	1 1 2 5 2
16	2 1 3 5 10 3
17	1 28 1
18	1 1 23 1
19	3 1 23 1
20	1 2 2 22 1
21	2 1 2 1 14 1
22	1 1 1 1 7 1
23	2 4 3 1 4 1
24	2 6 1 1 1
25	2 5 1 1 1
26	1 5 2 1 2
27	1 5 2 1 1
28	2 2 4 1 1 1 1
29	3 1 5 1 1 5
30	2 1 4 2 1 1 1
31	3 1 5 2 2 2
32	3 7 2 2 1
33	6 3 2 3 2
34	4 3 2 3 4
35	5 3 2 1 1
36	4 1 2 2 3
37	3 1 2 1 4
38	3 1 2 1 4
39	4 3 2 8
40	5 2 6

Row clues (left to right, rows 1–40)

Row	Clues
1	3
2	3 2 6
3	2 2 3 8
4	6 5 3 13
5	2 1 1 4 3 2 2 6 2
6	3 5 4 2 2 1 1
7	1 1 5 2 4 1 2
8	6 1 4 6 1
9	4 2 1 1 2
10	6 5 1 3
11	4 7 2 2
12	5 11
13	2 15
14	2 11
15	2 3 3
16	4
17	4
18	4
19	5
20	5
21	8 5 13
22	6 5 11
23	5
24	5
25	5
26	5
27	6
28	6
29	6 2
30	6 3 3 2
31	8 2 2 1 2
32	12 4 2
33	8 2 2
34	9 2 4
35	9 2 1 5
36	8 4 7
37	9 1 2 4
38	4 1 3
39	12 2 6
40	13 12

C93 밖에서 먹으면 더 맛있게 느껴져요

난이도 ★★★☆☆ (3.5)

40×40

열	단서
1	3 3 7
2	1 4 3 5 7
3	1 3 4 2 3 7
4	1 3 2 1 1 2 7
5	2 3 2 4 2 2 7
6	2 3 2 4 2 2 7
7	1 3 2 1 2 2 2 7
8	1 3 4 6 1 4 5
9	9 2 1 2 3 3
10	2 3 3 1 3 4 1
11	1 3 2 1 2 5 2
12	2 2 2 1 2 1 7
13	2 3 2 2 2 1 2 5 1
14	2 1 2 1 3 2 3 4 2
15	5 3 2 2 3 2 1 6
16	3 6 1 10 1 5
17	2 1 2 16 3 5
18	2 3 16 1 1 1 5
19	1 2 3 1 3 9 3 1 5
20	1 2 1 3 1 1 6 2 2 1 6
21	1 2 1 2 1 1 7 1 1 2 3
22	1 2 1 2 1 7 1 2 6
23	1 2 3 1 1 1 6 3 5
24	1 3 4 7 1 1 2 5
25	2 1 16 1 3 5
26	2 4 2 14 1 1 1 5
27	4 3 1 1 7 4 1 5
28	2 7 2 1 5 2 1 5
29	2 1 2 3 3 6
30	2 2 4 2 2 5 1
31	2 2 2 2 2 1 6
32	1 3 1 1 2 4 2
33	6 2 2 3 4 2 1
34	2 2 4 2 1 5 4
35	8 2 5 1 6
36	2 7 3 1 7
37	13 3 2 7
38	2 2 2 2 3 7
39	6 9 7
40	7

행	단서
1	2 22 5
2	9 7 7 7
3	1 2 2 5 1 1 1 1 1
4	10 1 5 2 1 1 1 1
5	8 3 1 1 1 1 1
6	8 1 13 1 1 1 1
7	2 2 4 2 2 3 7
8	1 8 3 2 2 3 5
9	10 2 1 1 1 2
10	2 2 1 5 1 2
11	7 2 3 2 2
12	2 2 3 2
13	2 8 4
14	5 5 5 2 2
15	2 2 3 10 3 1 1
16	1 1 2 2 2 2 1 1
17	1 2 1 2 2 2 2 2 2
18	1 4 2 2 2 2 5
19	2 2 3 3 3 7 1
20	1 3 2 12 2 4 1
21	2 1 2 12 2 1 1
22	2 17 2
23	2 15 2 1
24	2 3 13 3 2
25	5 14 5
26	5 2 4
27	3 7 4 2
28	1 3 2 4 7
29	3 5 5 3 1
30	2 5 3 2 3
31	1 2 4 1 9 1
32	1 4 2 2 2 2
33	5 5 5 3
34	7 7 5 5
35	7 25 6
36	8 23 7
37	9 21 8
38	9 2 6 10 8
39	9 2 7 8 2 7
40	8 2 2 1 1 2 2 6

C94 새가 먹을 수 있게 조금 남겨요

난이도 ★★★★☆

40×40

Column	Clues
1	2 2 29
2	4 30
3	5 1 6 2 9
4	3 2 2 2 1 2 10 4
5	1 3 2 2 4 4 3
6	1 1 1 7 1 2
7	1 1 2 6 2 1 4
8	3 2 1 2 3 2 1 3 2
9	6 1 5 1 1 6
10	7 2 1 2 2 1 1 5
11	3 4 1 3 2 2 1 1 2
12	3 3 4 2 2 1 1 2
13	2 3 4 5 8 2
14	2 4 4 2 9
15	3 1 3 6 2
16	2 2 2 6 2
17	5 6
18	1 3 1 3 3
19	3 3 2 2 1 3
20	5 4 1 1 1 1
21	5 1 1 2 2 1 1 2
22	5 2 5 3 1 1 3
23	4 4 1 3 1 3
24	2 3 3 3 7
25	8 3 2 7
26	5 2 3 1 7
27	4 1 1 3 2 2 7
28	6 4 3 7
29	1 1 3 4 2 3 2
30	3 3 7 1 3 4
31	7 2 4 1 1 1 8
32	3 3 1 5 2 2 1 8
33	2 3 1 6 2 1 2 8
34	3 2 4 1 3 7 8
35	3 2 3 6 8
36	3 1 1 2 4 7
37	2 5 4 2 6 7
38	2 6 5 1 2 1 3 7
39	7 2 2 3 3 2 2 7
40	5 4 3 7

Row	Clues
1	4 6 4 7
2	13 5 9
3	3 5 3 4 7 2
4	3 2 14 2
5	1 2 3 9 1 2 2 3
6	2 6 7 3 4 3
7	4 4 4 1 1 3 3
8	1 2 3 2 3 2
9	4 6 2
10	2 3 5
11	2 4 3 2 2
12	2 3 3 2 3 4 1
13	2 2 5 3 2 1 1
14	4 5 3 1 2 2
15	3 4 4 2 5
16	3 3 1 2 5 7 2
17	3 4 1 1 1 6 3
18	4 2 1 1 2 2 8 3
19	3 6 2 5 4 3 2
20	2 10 4 1 3
21	4 3 8 1 1
22	3 1 1 2 1 2
23	2 2 5 1 3 3
24	2 1 2 6 4 1
25	2 1 1 2 5 3
26	2 2 2 2 4 2 1
27	2 1 7 2 4 2
28	2 1 1 1 8
29	2 1 1 4 4
30	2 10 5 1 2 3
31	5 1 4 4 4 3
32	5 1 7 3 2 2
33	5 1 6 1 1 5
34	4 1 17 10
35	4 3 4 6 10
36	3 3 5 9 10
37	3 4 5 5 11
38	4 1 1 1 2 7 11
39	6 7 1 7 12
40	5 6 9 12

C95 그네가 너무 무서워요

난이도 ★★★★☆

40×40

열									
1	10	1	2	3					
2	10	2	3	2					
3	8	5	2						
4	2	6	14						
5	4	3	15						
6	4	1	6	1	2				
7	1	4	1	2	2	4			
8	3	5	4	2	2	3			
9	5	5	5	2	3	2			
10	7	3	2	2	2	3			
11	3	4	4	1	2	1	1	2	
12	2	3	3	6	2	1	2		
13	2	3	11	3	1	2			
14	3	2	14	2	1	1			
15	4	2	2	15	1				
16	3	2	16	1	1				
17	2	2	3	10	2	1	2		
18	2	2	13	2	1	2			
19	2	2	3	7	1	2	2	2	
20	3	2	9	1	1	1	1		
21	3	2	4	2	1	2	1	2	2
22	2	2	5	4	4	2	2		
23	1	3	1	4	2	3	1		
24	1	3	1	1	3	4	2		
25	1	3	1	1	2	6	2		
26	2	3	1	1	1	5	3		
27	3	4	2	1	9	3			
28	10	4	1	5	3	2			
29	9	2	5	2	2				
30	6	3	4	1	2	2	1		
31	3	10	3	2	4	2			
32	7	2	3	11					
33	6	2	2	2	10				
34	3	5	3	2	3	5	2		
35	6	1	4	4	2	3	2		
36	9	1	5	1	3	2			
37	9	1	7	3					
38	10	1	3	6	4				
39	8	1	2	3	15				
40	8	1	2	4	9	3			

행								
1	2	2	25	2	5			
2	2	2	15	6	2	5		
3	3	2	4	3	2	5	2	5
4	3	2	2	1	3	2	5	
5	4	2	2	3	2	6		
6	4	2	2	3	2	6		
7	4	2	4	3	2	6		
8	5	2	19	2	7			
9	5	2	19	2	5			
10	6	2	6	2	2	1		
11	2	6	2	1				
12	2	8	2	1				
13	3	9	3	6				
14	1	2	1	1	1	3	2	1
15	1	1	7	1	1	1		
16	2	1	10	1	2			
17	1	11	2	1				
18	1	9	2	1	3	3		
19	1	14	2	4	4			
20	1	7	1	1	5			
21	1	8	1	3	3			
22	1	7	6	1	9			
23	11	1	2	4	5			
24	6	1	1	2	6			
25	2	6	2	2	1	2	2	1
26	2	2	7	1	4	3	2	
27	8	1	3	4	2	3	2	
28	7	2	7	1	2			
29	5	1	3	2	1	1	2	
30	7	1	4	3	2	2		
31	2	2	2	2	5	5	2	
32	2	1	3	5	5	2		
33	2	2	5	7	2			
34	2	1	5	1	6	2		
35	2	2	3	4	2	2		
36	2	2	3	1	2	1	3	
37	4	8	2	2				
38	1	3	4	3	2	4		
39	13	3	2	6	10			
40	2	5	5	12	9	2		

C96 물 위에서 타는 자전거

난이도 ★★★★☆

40×40

Column clues (left to right)

Column	Clue
1	5 12 6 3
2	16 7 5
3	4 26
4	14 3 4 5
5	4 2 25 2
6	36
7	5 2
8	40
9	2 2
10	1 38
11	4 4 1 2 2 1 1 2 2
12	3 3 5 3 2 5 3 2 3
13	5 1 3 1 1 2 3 1 1 2 4
14	8 5 5 5 5 4
15	3 3 2 2 1 2 2 1 1 2 3
16	1 1 2 8 2 8 1
17	1 1 2 1 2 4 2 1 2 4 3
18	1 1 2 1 1 3 2 1 1 3 3
19	2 1 2 2 1 4 2 2 1 4 1
20	2 2 2 9 2 8 4
21	4 10 10 4
22	2 8 8 2
23	1 2 1
24	2 8
25	1 4 6
26	2 2 4 4 2
27	5 1 8 2
28	7 2 2
29	1 3 2 2
30	1 1 2 2
31	1 1 5 6
32	1 1 6 2 2 5
33	7 1 4 5 1 3 3
34	7 2 8 2 8 2
35	4 1 3 6 1 3 5
36	1 2 1 6 4 11
37	2 2 1 2 8 2 4 2
38	1 2 8 1 10
39	2 2 2 5 3 4
40	6 2 2 4

Row clues (top to bottom)

Row	Clue
1	2 2 9 1
2	2 2 3 5 2
3	2 2 2 11 3
4	2 2 2 2 2 4 3
5	2 1 3 1 3 4 5
6	3 1 1 1 1 2 1 3 3 3
7	5 1 1 1 2 2 3 2 2
8	5 1 1 8 7 2 1
9	3 1 1 1 2 2 1
10	1 1 1 1 11 2 1
11	1 1 1 1 12 3 1
12	1 3 1 5 2 2 2
13	2 3 1 3 1 6 9 2
14	2 3 1 1 5 4 2 5
15	3 2 1 1 4 3 1
16	3 2 1 3 2 4 1
17	1 1 2 1 1 1 3 3 2 5
18	1 1 2 1 1 3 2 4 1 8
19	1 1 2 1 1 1 7 1 5 2
20	1 1 2 1 12 2 4 3 1
21	1 4 1 11 1 10
22	1 4 1 1 6 6
23	6 1 11 9 4
24	3 2 1 12 1 1 8
25	2 2 1 1 3 2 1 2 3 1
26	2 2 1 3 1 6 1 7
27	2 2 1 1 5 4 2 2 2
28	5 1 1 3 3 1
29	6 1 3 2 4 1 3
30	1 4 1 1 1 3 3 2 2 3
31	1 4 1 1 3 2 4 1 1 6
32	1 1 2 1 1 1 7 1 6 2
33	1 1 2 1 12 2 1 8
34	1 1 2 1 10 11 3 1
35	2 2 1 1 9 7
36	5 1 1 1 1 2 10
37	3 3 1 3 2 2 2 3 2 2
38	4 5 7 2 1 8
39	6 8 5 1 5
40	1 4 1 2 3 4

C97 벌레가 아니에요!

난이도 ★★★★☆

40×40

Column	Clues (top to bottom)
1	1 4 3 9 1
2	4 2 2 2 2 7
3	3 10 4 10
4	3 3 2 3 9
5	9 3 4 5 3
6	9 4 1 8
7	4 6 1 2 1 8
8	8 2 2 2 2 7
9	2 4 1 2 2 2 1 3 7
10	6 1 1 1 2 2 2 1 6
11	5 1 3 1 2 1 1 1 6
12	4 1 2 6 2 1 2 6
13	3 1 2 5 2 1 5
14	2 1 2 6 6 4
15	1 1 11 3 5
16	8 2 2 3 2 4
17	17 3 4
18	14 3 3 4
19	1 5 3 11 1 3
20	5 3 1 15 3
21	3 3 2 14 3
22	2 2 2 2 12 2
23	1 2 1 1 10 3 2
24	1 2 2 2 8 2 2
25	3 2 1 8 1 1
26	2 3 1 10 1 1
27	2 1 1 1 5 1 2 1
28	1 2 1 1 5 2 1 1
29	1 3 1 2 3 4 2
30	1 5 1 1 2 2 2
31	1 8 2 1 2 3
32	16 2 5 2
33	10 5 2 5 2
34	19 4 4
35	18 5 5
36	19 4 4
37	20 3 3
38	9 10 3 1 4 1
39	20 4 6
40	2 12 4 5

Row	Clues (left to right)
1	3 30 5
2	13 3 3 3 9
3	8 4 6 2 8
4	2 9 5 2 9
5	1 2 4 5 2 9
6	2 7 4 2 10
7	8 4 1 10
8	6 3 3 2 10
9	1 3 3 2 1 11
10	1 1 3 4 8 2
11	1 2 1 4 4 7
12	1 2 2 4 13
13	1 1 1 2 2 15
14	1 1 2 2 3 9
15	1 2 2 1 20
16	3 4 8 9
17	2 2 1 5 7
18	1 2 1 2 3 8
19	2 4 5 4 9
20	3 3 6 6 4 4
21	4 3 4 3 6
22	1 1 1 4 5
23	1 1 5 9 1
24	4 3 2 12
25	3 2 11
26	2 12
27	5 1 9 2
28	2 1 2 7 2 4
29	1 4 1 7 2 7
30	1 4 4 7 11
31	3 2 5 1 2 5 2
32	5 3 3 2 1
33	1 5 2 5 2
34	9 1 3 3
35	12 2 13
36	15 4 9
37	4 13 6
38	21 3
39	23 2
40	13 14 3

C98 토끼와 차 마시기를 좋아해요

난이도 ★★★★☆

40×40

Column clues (left to right, top to bottom):

Column	Clues
1	2
2	2 2 1
3	4 1 1 4 2
4	4 1 4 2 2
5	4 1 1 3 3 3
6	6 2 2 3 2 4
7	2 2 1 1 3 1 6
8	2 3 1 2 1 4 2 3
9	3 1 2 1 2 1 2 1
10	2 3 2 2 2 2 5
11	2 5 2 2 3 1 5
12	2 3 8 2 1 2 1 3
13	2 6 4 11 2 1 2
14	1 4 1 4 8 1 1
15	1 1 1 2 2 6 1 1
16	2 1 1 3 2 1 2 1 1 1
17	1 2 1 8 2 3 2
18	1 1 1 3 4 2 1 2 2
19	1 3 1 3 1 1 2 1 1 4
20	1 2 1 1 3 5 2 1 1 3
21	1 2 2 1 3 1 2 1 1 3
22	1 3 3 1 3 2 2 1 4
23	1 1 4 1 3 1 1 2 1 1 4
24	1 1 2 1 1 6 1 2 1 2 2
25	1 5 2 1 3 4 1 1 3 1
26	1 4 4 1 1 8 2 1 1 2
27	4 2 2 1 1 3 2 1 2 2 1 1
28	3 2 3 1 1 4 5 1 1
29	5 6 2 5 8 2
30	5 7 1 9 2 3 3
31	3 1 7 3 1 2 1 4
32	2 5 2 1 2 5
33	2 4 1 2 2 3 2 1
34	2 3 1 2 1 4 1 3
35	4 1 3 1 3 2 3 6
36	4 1 3 2 2 5 5
37	4 1 1 2 3 3 4
38	6 3 1 3 3
39	2 2 2
40	2 1

Row clues (top to bottom, left to right):

Row	Clues
1	13
2	4 4
3	2 7
4	4 1 6 3
5	4 1 1 1 2 4
6	4 2 1 2 2 3 1
7	1 4 1 3 2 3 2 1 4
8	2 3 3 2 3 2 2 4
9	6 3 1 3 2 3 4
10	2 14 1 4 1
11	4 5 2 3
12	1 2 6
13	1 7
14	2 5 2
15	3 10 1
16	3 1 3 4
17	7 12 6
18	1 30
19	3 24 1
20	2 3 4 1 1 1 5 5
21	3 9 7 2 3
22	9 1 5 5 3 2 1
23	2 1 2 3 2 1 2 10
24	2 2 4 3 1 4 4 3
25	8 1 1 1 2
26	3 4 2 2 3 4 1
27	1 4 2 3 1 2 4
28	1 3 1 1 2 3 1 2
29	3 5 7 10
30	8 5 3 5
31	2 4 5 3
32	5 3 3
33	6 5 6
34	3 3 3 2
35	4 9 4
36	1 2 6 7 2 2
37	2 2 1 2 2 3
38	4 2 7 2 5
39	6 3 2 2 3 3 6
40	8 7 2 5 8

C99 물 위에서 과일을 살 수 있어요

난이도 ★★★★☆

40×40

Column clues (columns 1–40, read top to bottom)

Column	Clues
1	10 7 1
2	5 2 2 1 3 2
3	11 3 2 2 2
4	11 2 2 3 5
5	5 2 2 1 7 4
6	5 2 2 1 3 2 3
7	10 2 4 1 3
8	1 9 1 1 6 2 2
9	2 2 1 2 5 2 1 1
10	2 1 2 1 1 1 2 1 2 3
11	3 1 3 2 1 5 1 1 5
12	3 1 2 1 3 1 1 1 8
13	3 2 1 2 1 1 1 7 1
14	3 4 2 3 1 10 1
15	3 1 3 2 2 1 1 4 1 2
16	3 6 2 4 3 1 1
17	3 1 1 2 2 3 10 2
18	3 6 2 11 2 3
19	3 2 1 1 2 3 4 2 3
20	3 1 4 3 3 1 2 3
21	3 3 2 3 2 1 1 1 4
22	3 5 2 1 1 1 2 4
23	3 1 1 2 2 3 2 5
24	3 3 1 2 3 1 2 4
25	1 3 2 2 1 3 4
26	3 1 1 2 1 5 5
27	5 2 2 2 1 2 5
28	4 1 2 6 2 6
29	2 4 1 2 6 7
30	3 1 4 1 1 3 2 6
31	1 5 6 5 3 3 3
32	2 1 1 1 4 1 2 2 4 3
33	1 1 3 1 1 6 2 4 2
34	1 3 2 1 2 1 4 5 2
35	3 6 1 1 2 2 6 2
36	1 1 1 1 2 3 2 2 1
37	1 3 2 1 2 7 4 2
38	2 3 4 7 5 2
39	9 1 5 3 3 1
40	9 1 11 2

Row clues (rows 1–40, read left to right)

Row	Clues
1	5 18 4 4
2	7 16 2 3 1 3
3	8 14 2 2 3 2
4	9 2 6 1 2
5	10 6 2 1 4 2
6	1 2 2 3 2 4 2 5 3
7	1 2 2 1 3 3 1 4 1 1 4
8	1 2 2 7 3 5 2 3 1 4
9	1 2 2 1 6 3 1 1 2 2 2
10	8 1 24
11	12 2 3
12	5 2 1
13	3 8 2 2
14	2 3 22 1
15	2 3 9 2 3
16	2 3 1 4
17	2 2 7
18	2 6 2 2 5
19	3 3 1 3 3 4
20	4 1 2 3 3 3 2 1
21	5 3 2 3 4 1
22	11 1 1 4 2 1
23	1 1 1 3 3 7 4 2
24	2 1 8 2 3 4 2 2
25	1 1 1 4 1 7 2
26	1 2 1 14 3 2
27	5 11 1 1 3 3
28	1 3 17 6
29	1 2 2 1 4 7
30	1 2 3 1 5 4
31	1 3 2 8 8
32	2 3 9 11
33	3 5 8
34	3 2 5
35	2 2 10
36	6 3 16
37	8 2 18
38	9 15
39	6 7
40	2

C100 우유를 배달해요

난이도 ★★★☆☆ (3½)

45×45

Column clues (left to right, top to bottom):

Column	Clues
1	6 7
2	6 3 1 1
3	4 2 3 1 1
4	12 2 8
5	1 3 6 1 6 3
6	4 3 3 12 3
7	2 5 14 5
8	2 4 1 11 1 1
9	1 1 1 2 1 3 2 2 8 3
10	1 1 1 2 3 6 4 1
11	2 2 1 2 3 5 1 1 1
12	4 3 1 2 2 1 9 1 1 1
13	1 3 1 1 5 14 1 1 1
14	2 2 1 1 4 2 12 6 1
15	2 1 2 8 18 3
16	8 3 1 6
17	3 7 1 1
18	2 1 6 2 1 11
19	2 2 5 1 1 13
20	1 4 1 1 1 21
21	4 3 2 2 2 1 1 1 7
22	2 3 8 1 1 1 1
23	4 2 1 1 1 1 6
24	4 3 1 1 1 13
25	5 1 1 1 2 1 5 4 2
26	3 1 3 1 1 1 9 3 6
27	1 2 5 1 1 8 2 2 1 2 1
28	6 4 1 1 1 3 1 2 3 2 2
29	5 1 4 3 4 2 2 1 2 1 1
30	8 3 2 5 2 1 2 2 2
31	1 6 4 2 4 1 2 1 2 6
32	4 3 4 4 4 1 2 1
33	8 1 2 7 1 2 1 2 5
34	7 4 2 5 2 1 2 2 2
35	3 3 3 3 4 1 2 1 3 4 1
36	8 2 1 1 1 3 1 2 2 2 1 2
37	7 3 1 1 8 2 3 1 3 1
38	4 1 1 1 1 1 1 9 2 4
39	7 1 1 1 1 5 5 2
40	1 2 1 3 1 1 1 10
41	3 3 2 2 1 1 1 1 1 1
42	4 3 8 1 1 1 7
43	3 3 1 2 1 1 1 1 8
44	2 3 2 21
45	4 3 12

Row clues (top to bottom, left to right):

Row	Clues
1	3 3 11 3 2
2	2 2 2 2 1 3 6 2 2
3	2 4 2 13 3 1
4	2 2 2 8 3 2 1
5	8 4 7 1
6	4 3 1 2 1 10
7	4 3 2 2 2 9 1 1 1
8	18 1 4 4 1 1
9	6 7 3 3 2
10	2 2 4 3 3 4 2 1
11	4 8 3 11 2 3 2 1
12	4 3 5 17 2 2
13	42
14	5 6
15	2 1 2 3 6 6
16	2 1 2 3 1 1 1 1
17	3 2 1 8 8
18	2 3 2 2 2 2 2
19	2 2 2 1 3 3 3 1
20	7 7 2 4 6
21	4 3 2 11 2
22	2 3 6 1 13 2
23	1 3 4 3 1 3 2 2 3 1
24	2 4 4 2 2 3 3 3 1
25	1 4 5 10 9
26	1 10 1 3 3 3 1
27	1 3 11 1 1 1 1 2 1
28	1 12 8 7 8
29	1 12 1 3 5 3 1
30	1 4 1 5 1 2 2 2 2 1
31	10 5 6 5 6
32	1 6 4 1 2 2 1
33	5 1 2 4 4 2
34	1 1 1 3 6 6 2
35	1 1 1 7 12 6
36	1 1 1 3 2 8 1 2
37	4 1 1 3 3 1 1 2
38	4 1 2 8 2 3 6
39	5 1 4 2 8 1 4
40	1 6 4 3 2 3 1 2 4
41	4 1 4 1 1 1 1 5 4
42	5 4 1 2 1 1 2 4
43	2 2 4 4 1 2 1 1 4
44	1 1 4 2 1 2 5 4
45	7 2 5 2

C101 메달을 받았어요

난이도 ★★★☆☆ (3.5)

45×45

열	단서
1	27
2	7 2 3 8
3	5 3 3 6
4	4 2 1 4 5
5	5 4 1 2 5 7
6	8 4 3 8 3
7	12 1 5 5 3
8	5 3 1 3 4 3
9	5 2 4 1 2 2 6 4
10	5 2 1 5 2 10 2
11	5 5 1 4 1 2 5 2
12	5 3 1 1 3 2 1 3 2
13	4 2 1 11 11
14	3 2 1 1 1 3 4 2
15	5 2 5 5 2 2
16	5 11 2 1 2
17	7 4 5 1 2
18	8 3 1 1 2
19	5 4 2 7 2
20	4 3 2 2 2
21	5 1 1 8
22	6 2 1 8
23	8 4 8
24	4 4 1 9
25	2 5 10
26	1 7 14
27	7 2 2 18
28	4 1 3 3 1 1 10
29	3 2 12 1 2
30	3 4 2 7 1 2
31	3 2 3 2 4 2
32	3 2 1 2 5 2 2
33	3 1 2 1 9 10
34	4 2 1 1 2 3 1 3 2 5
35	4 2 2 2 3 1 2 2 4
36	5 4 3 2 5 2
37	9 2 4 4 1 2
38	6 9 2 2 2
39	10 6 3 1 1 2
40	8 2 5 1 2
41	8 1 1 1 2
42	9 1 4 2 1 2
43	7 2 1 1 1 2 10
44	2 2 1 1 14
45	28

행	단서
1	8
2	12
3	13
4	3 7
5	2 7
6	1 6
7	7 4 3 7
8	11 1 2 2 1 5
9	13 1 1 1 5
10	8 4 2 2 5
11	8 5 1 4 2 3
12	4 4 2 2 2 4
13	3 2 2 3 2 5 3
14	3 3 2 3 9 2
15	3 1 2 2 1 1 3
16	2 2 2 3 2 2 6
17	1 5 1 3 2 4 3 2
18	2 3 2 2 2 2 3 2
19	9 10 2 1 3 1
20	6 9 7 2 1 3 1
21	6 2 2 7 2 4 4
22	6 8 5 1 2 4 1 1 1
23	3 2 1 3 3 9 1 1 1
24	2 4 2 2 2 3 2 4
25	2 3 2 2 1 5 1 1
26	1 4 3 2 2 1 2 2 1 1
27	1 3 1 7 1 1 1 2 1 1
28	1 2 2 8 2 4 2 6 1
29	1 1 3 2 1 1 1 8 2 2 1
30	5 2 1 1 3 1 1 2 1 1
31	2 9 2 1 2 1 1 4 1
32	1 2 3 2 4 5 1 2 2
33	2 2 1 2 1 1 2 1 3 3
34	7 3 4 2 1 2 1 8
35	14 4 2 1 2
36	1 11 1 4 1 3
37	1 10 2 22
38	2 6 1 26
39	2 1 2 1 8 3
40	3 1 1 1 8 3
41	6 1 1 8 1 3
42	9 1 9 2 3
43	28 2 3
44	5 13 8 2 3
45	5 8 2 3

C102 갈기가 참 멋있어요

난이도 ★★★★☆

45×45

열	힌트
1	37
2	5 5 16 3
3	4 2 2 4 13 4
4	4 8 4 2 6 2
5	5 4 4 2 5 5
6	3 4 2 4 3 4 2
7	3 3 3 2 4 4 2 3
8	2 5 4 2 2 2 6 2
9	4 3 6 4 5 1
10	3 5 2 2 1 5 3
11	2 5 4 2 5 1 1 2
12	2 6 2 2 4 1 2 1
13	2 1 3 2 2 2 2 2 1
14	4 4 3 5 4 3 1
15	3 1 3 2 2 3 3 1
16	3 2 3 1 2 3 4 1
17	3 1 2 2 4 2 2 1
18	3 1 1 5 3 3 2 1
19	5 1 10 4 3 2
20	4 2 1 4 2 3 7 2
21	4 3 2 3 2 6 2 3
22	12 2 4 6 4
23	6 1 3 2 6 1 2 2
24	4 2 2 10 2 1 1
25	3 2 3 2 3 5 2 3
26	4 2 2 2 2 3 3 2 2 2
27	2 7 3 2 2 3 1 2 1
28	1 4 3 5 5 5 2 1
29	1 2 2 4 3 9 2 1
30	3 2 2 3 5 2 2 2 1
31	2 3 2 4 1 2 4 4 1
32	1 5 1 1 5 3 1
33	1 2 2 1 2 3 1
34	1 1 2 1 1 2 2
35	1 2 1 1 1 2 2
36	2 2 2 3 1 2
37	2 1 3 4 2 2
38	3 2 2 1 1 2
39	1 2 2 2 2 1 2
40	1 3 3 1 2
41	2 6 2 3
42	4 4 7 3
43	17 4
44	19 5
45	32

행	힌트
1	4 4
2	2 9 2
3	1 4 5 1
4	1 2 2 1
5	3 3
6	2 1
7	10 1 3 3 1
8	22 3 2 1
9	11 14 1 1
10	7 2 3 7 1 1 3
11	5 2 2 4 3 2 5 1 4
12	5 1 3 3 4 2 3 2 4
13	2 4 5 8 2 1 2 4
14	1 2 12 2 2 7 2 3
15	1 14 2 1 2 6 1 3
16	2 3 2 6 3 2 2 2 3
17	5 3 2 2 1 6 3
18	5 6 1 2 3
19	2 1 3 3 3 2 2 1 1 3
20	2 1 3 3 3 2 3 2 3
21	1 2 2 2 3 2 3 2 4
22	1 1 1 1 1 2 3 6 2 4
23	1 1 1 2 1 3 2 2 5 4
24	1 2 6 3 2 2 1 4 4
25	2 2 4 2 2 2 1 1 7
26	2 2 1 1 2 2 2 1 2 5
27	6 1 2 2 1 1 3 1 2 4
28	3 13 1 1 1 1 2 1 2
29	3 7 2 2 3 2 2 1 2
30	4 2 2 1 1 1 1 1 2 1 3 1
31	5 2 2 1 1 1 1 2 1 2 3 1
32	3 2 5 2 6 2 1 1 2 1
33	3 1 1 2 2 1 4 2 2 1 2 1
34	4 2 1 2 2 2 4 1 4 1 1
35	5 1 1 1 1 1 4 6 2 1
36	5 2 2 2 1 2 1 3 2 1 1
37	5 4 2 1 7 1 2 1
38	6 4 5 2 1 1
39	10 6 5 2
40	2 10 7 2
41	1 2 2 4 3
42	1 1 1 2 4
43	3 1 1 1 2 1 4
44	8 2 5 2 10
45	41

C103 정의의 이름으로 악당들을 해치워요

난이도 ★★★★☆

45×45

Column clues (top to bottom)

Column	Clues
1	10 2 2 5
2	13 2 2 9
3	5 12 3 5 11
4	12 5 1 6 6 3
5	11 2 3 3 1 6 2
6	10 2 7 1 2 5 5 2
7	1 7 2 8 1 2 4 3 2 2
8	6 2 1 2 6 1 3 1 1
9	8 2 2 5 1 7 1
10	10 2 4 4 1 2
11	2 2 3 1 1 2 5 1
12	1 4 5 4 2 1 3
13	1 3 2 2 5 6 2 2
14	2 1 2 3 2 2 3 2
15	4 9 1 4 2 2 3
16	3 2 2 2 2 7 9
17	2 3 4 2 5 2 3 4
18	2 2 1 3 1 5 4 5 1
19	2 1 2 2 2 5 6 2 2 2
20	2 1 2 2 1 8 3 6 1
21	1 3 2 3 1 2 1 3 1 1 3 2 1
22	1 2 1 2 4 2 1 1 1 1 1 5 1
23	1 2 4 2 2 6 1 5 2 1
24	2 1 6 2 2 2 8 1 1
25	3 2 3 2 2 3 3 2 2 1
26	1 1 7 3 2 2 1 3 1 1
27	3 2 7 3 6 2 2 1
28	4 3 2 12 2 1 1
29	2 1 5 11 2 2 2
30	1 9 8 1 2 2 2
31	4 7 5 1 2 2 3 3
32	2 5 5 2 1 6 6
33	3 4 5 2 2 2 6
34	5 2 3 1 2 2 2 2 4
35	6 1 3 2 2 3 2 3
36	8 2 2 2 4 1 4
37	8 2 1 5 1 1 2
38	4 3 2 4 5 2
39	10 2 7 1 2
40	10 3 4 3 2 1
41	11 2 4 2 3 4 4
42	9 1 2 11 2 1 2
43	9 2 3 8 4 2
44	2 3 1 2 9 4 3
45	8 10 6

Row clues (left to right)

Row	Clues
1	26 8 7
2	6 4 7 2 3 15
3	10 2 2 5 1 11 1
4	10 2 1 2 2 12
5	14 2 3 12
6	2 9 5 2 2 3 7
7	7 2 1 3 3 1 2 8 1
8	10 2 3 3 2 1 1 3 10
9	8 1 1 2 4 3 6 6
10	6 4 2 14 3
11	4 3 2 3 1 5 9 3
12	4 2 9 2 1 5 5 2
13	3 1 2 3 2 2 2 4 2
14	1 1 2 2 3 3 4 1
15	3 2 1 4 2 2 1
16	2 2 2 3 3 3
17	2 2 2 1 2 1 2
18	2 3 3 2 1 6 2
19	6 5 10 2
20	5 2 3 1 11 3
21	8 1 4 6 6 3
22	3 5 1 8 9 4
23	5 3 2 4 7 2 3
24	4 2 1 7 7 3 2 4
25	2 1 1 3 4 8 1 4
26	2 2 1 2 2 1 3 3 4
27	5 4 2 1 5 3 2 5
28	3 3 7 5 2 2 2 1
29	2 3 2 3 3 3 3 2 2
30	8 4 4 2 1 2 2
31	4 2 3 1 2 2 2 1
32	4 3 2 4 2 2 3 2
33	4 2 2 2 3 2 3 2
34	4 2 1 1 4 1 6
35	3 8 3 2 2 5
36	3 4 1 3 2 3 3 2
37	3 2 1 1 1 2 1 2 1 2 1 2 1
38	3 1 1 1 2 3 1 2 2 2 4 2 2
39	3 1 1 2 5 1 1 2 1 2 1 6
40	3 2 1 9 1 3 5 1 4
41	2 7 1 7 2 2 1
42	3 2 4 3 3 6
43	3 3 2 6 1
44	4 7 2 11 1
45	3 5 5 13 1

C104 야수로 변한 왕자님과 사랑에 빠졌어요

난이도 ★★★★☆

45×45

Column	Clues (top to bottom)
1	5 2
2	4 3 4 2 4 2
3	8 1 4 7 1 1
4	7 8 2 1 3
5	18 1 2 1 2
6	15 1 1 1 1 2
7	7 6 1 7 1 2
8	8 6 1 2 2 3
9	6 6 2 1 1 1
10	5 2 2 2 1 1 2 1
11	5 1 1 2 1 1 1 5
12	4 3 1 1 2 1 1 2
13	4 2 2 1 1 1 2 1
14	2 2 4 3 2 2
15	3 2 2 5 3 4 2
16	17 3 2 1 6
17	3 5 3 4 3 1 4 1 2 2
18	4 3 5 11 1
19	5 4 7 11 2
20	5 2 1 1 20 3
21	2 1 6 4 9 4
22	2 1 3 2 2 4 1 4 5
23	1 1 1 6 2 2 1 3 4
24	1 4 2 4 3 5 2 1
25	3 2 1 3 2 3 1 1 4
26	3 1 10 2 1 1 4
27	4 3 2 1 2 5 1
28	4 4 4 2 4 2 2
29	4 2 1 1 1 3 4 2 2 3
30	5 2 3 3 2 2 5 2
31	2 2 2 5 2 13 2
32	1 1 3 4 1 2 8 7 2
33	1 1 6 3 2 1 10 7 2
34	1 1 1 5 2 2 11 5 1
35	1 2 2 3 2 2 12 2 1 1
36	1 1 2 4 12 8 1
37	2 2 3 2 1 7 1 9 1
38	1 2 4 3 2 5 3 1 9 1
39	2 2 6 2 5 6 1 9 1
40	2 2 4 5 7 1 8 1
41	2 2 4 6 7 2 8 1
42	10 7 8 2 9
43	4 10 20
44	6 9 19
45	4 4 26

Row clues (left to right)
2 8
7 3
9 4 2
3 6 4 2
2 2 8 3 2
4 2 4 2 1
8 3 1 3 3
3 1 6 1 3 2 2
5 1 7 3 3 4
2 10 1 3 4 3 2 4
15 4 1 4 2 4
12 4 2 5 2 1 4
10 3 1 6 3 5 2
8 6 1 2 1 1 3 6 1
7 2 3 1 2 1 1 6 2 2 1 1
6 1 2 2 1 7 3 3 2 3
1 2 1 1 2 2 2 4 2 3 2 3
2 2 3 4 2 2 3 5
1 5 6 5 5 2 6
8 2 1 4 1 2 2 7
7 7 2 3 3 8
17 1 3 2 9
7 7 4 2 11
9 7 2 2 6 2
5 3 3 2 1 1 6 4 1
4 1 2 1 1 1 5 7
2 5 1 1 2 2 6 7
1 4 2 2 3 1 6 7
1 5 3 5 5 8
1 6 8 2 2 6 8
4 9 4 1 1 6 8
2 1 12 6 4
1 1 6 3 11 3
1 1 8 8 5
1 3 1 8 2 3 4
4 2 1 7 3 7 3
1 3 10 3 11
1 5 4 5 10
3 1 3 5 10
5 3 6 10
3 4 3 5 7 10
2 2 4 1 10 5 10
1 2 2 1 4 2 1 11
2 1 2 3 2 5 3
1 1 1 2 2 14

C105 꽃으로 만든 머리띠

난이도 ★★★★☆

45×45

열	세로 힌트
1	2 2
2	2 2 1 2
3	3 1 1 4
4	5 2 5
5	3 2 5 6
6	15 3 6
7	3 13 1 2 2 3 1
8	1 2 12 2 4 3 2
9	1 2 6 3 3 3 3
10	3 4 6 6 2 4
11	2 2 9 1 3 2 1 5
12	1 1 9 4 2 3 4
13	1 4 3 4 1 1 4
14	6 7 2 2 1 6
15	6 2 3 1 2 8
16	6 2 2 2 6 2
17	3 4 4 1 4 1
18	3 6 2 5 2 1
19	2 2 2 10 2 1
20	5 3 7 2 2
21	5 2 8 1 2
22	6 4 10 6
23	9 2 12 3 7
24	5 2 21 3 3
25	4 3 12 12 2
26	6 1 3 2 5 6 1
27	4 2 3 2 5 2 3 3
28	3 9 4 10 2 5
29	9 4 2 8 7
30	8 4 4 9 9
31	10 4 4 2 12
32	10 2 6 10 1
33	9 14 8 2
34	10 3 12 2 9
35	12 1 11 8
36	11 1 1 11 5
37	9 3 2 2 7 4 1
38	8 7 2 7 3 2
39	4 16 6 2
40	4 5 9 7 3
41	2 1 3 2 10 2 8
42	1 4 4 13 7
43	6 2 2 5 6 4
44	4 5 2
45	11

행	가로 힌트
1	4
2	2 1 9
3	4 1 13
4	1 1 5 13
5	2 2 4 15
6	3 1 2 3 6 2 7
7	5 2 2 2 2 2 8
8	8 4 3 10
9	5 1 2 2 16 3
10	3 2 1 2 3 2 12 2 1
11	1 4 9 1 13 1
12	1 6 5 5 2 10 1
13	4 9 5 2 13
14	8 2 2 6 1 6 2
15	8 2 2 5 2 4 2
16	8 5 3 4 9
17	9 2 2 3 3 3 3 2
18	4 5 9 1 4 2 1
19	3 4 10 2 6 3 1
20	2 11 1 8
21	1 4 8 3 3 3 2
22	3 14 7 2 1
23	1 2 2 8 6 5
24	2 3 8 12
25	2 8 6 6
26	2 3 3 4 5
27	1 3 5 5 5
28	2 3 5 5 5
29	2 2 4 4 6
30	1 3 3 4 6
31	6 3 4 5 5
32	5 3 5 5 2
33	3 2 6 6 2
34	1 2 6 9
35	1 3 2 5 10
36	2 4 3 3 5 4
37	8 4 5 5 4
38	1 4 5 6 4 3
39	5 4 4 8 3 1
40	6 4 3 11 3 1
41	6 6 2 6 5 3 1
42	5 7 2 6 5 3 1
43	4 6 1 3 5 4 4 1
44	6 5 2 6 3 3 5 2
45	7 3 11 2 4 6 2

C106 단발머리가 인상적이에요

난이도 ★★★★☆

45×45

Column clues (left to right, each read top to bottom)

Column	Clues
1	1 2
2	3 2
3	1 2 1
4	1 1 2
5	3 1 3 2
6	3 3 2 1 4
7	1 1 3 4 1 4
8	1 7 5 2 3
9	4 3 1 2 2 2 2 2 2
10	3 2 3 1 1 1 2 1 2 1 2
11	3 1 1 1 3 1 3 1 1 2 2 1
12	1 1 1 1 3 1 3 1 1 1 2
13	1 3 6 1 1 1 4 1 2 3
14	1 6 3 1 3 1 5 2 1
15	1 3 3 3 1 3 4 1
16	1 3 2 6 1 1 2 1
17	1 5 1 5 1 1 1 3
18	1 3 1 2 1 4 4 1
19	1 3 1 1 1 1 4 1 1
20	1 5 3 2 3 2 15
21	1 3 3 3 4 16 1 1
22	1 5 1 1 1 1 1 16 1 1
23	1 3 5 3 2 3 2 6 1 1
24	1 3 1 5 1 8 2 4 4 1 1
25	1 4 1 1 1 3 1 1 1 1 4 2 4 1 1
26	1 4 1 1 1 1 14 1 2 4 1 1
27	1 4 1 1 1 1 1 1 1 1 1 2 2 1 10
28	1 6 1 1 1 1 1 1 1 1 1 1 1 6 1
29	1 6 1 1 1 1 1 1 1 1 1 1 2 4 4
30	1 3 6 1 1 1 1 1 1 1 6 2 1
31	1 3 3 1 1 1 1 1 1 1 1 5 1
32	1 1 1 5 1 1 1 1 2 1 3 3
33	3 2 1 19 1 2
34	2 1 2 11 1 2 2
35	2 2 2 2 10 1 3
36	1 8 1 2 17
37	2 1 1 1 3 2 2 15
38	3 1 1 1 8 11
39	1 1 1 1 3 18
40	2 1 3 17
41	5 14
42	17
43	8 1 1
44	4 1 1
45	5

Row clues (top to bottom, each read left to right)

Row	Clues
1	18
2	2 3
3	1 16 1
4	23
5	19
6	5 5 1 1 1 7 3
7	2 2 2 1 8 2 2 2 1
8	1 2 3 3 1 7 2 4 1
9	3 1 1 1 6 1 2 1
10	4 2 1 4 1 8 7
11	1 2 1 1 5 1 1 1
12	2 1 4 1 7 6
13	10 4 1 1 1
14	13 9 5
15	11 4 1 1 2 1
16	1 2 1 8 6
17	8 2 3 1 2 3
18	1 2 3 2 7 2
19	2 6 2 3 1 1
20	1 1 2 4 2 1 5 1 2
21	1 7 3 3 5
22	1 1 4 3 4
23	2 3 5 3
24	1 1 3 1 3 2
25	3 1 4 2 1 3 2
26	1 4 2 4 4
27	5 4 3 9
28	4 2 3 3 9
29	1 2 3 11
30	1 2 2 3 10
31	2 7 13
32	6 5 1 10
33	1 3 2 2 10
34	1 3 1 2 12
35	2 3 1 14
36	1 4 2 2 11
37	5 4 7 2 5
38	4 1 11 1 2 5
39	5 3 18 4
40	3 3 14 2 2 3
41	3 2 3 2 1 9 5 2 4
42	2 4 2 1 1 5 3 1 1
43	1 2 2 2 8 1 2 2 4
44	4 2 1 1 1 1 4 1 1
45	26 4

C107 하늘을 나는 방법을 아는 사람이에요

난이도 ★★★★☆

45×45

Column	Clues (top to bottom)
1	2 10 4
2	3 9 5
3	1 2 8 6
4	2 2 7 7
5	2 2 7 8
6	1 2 6 10
7	2 2 5 11
8	1 1 4 12
9	1 2 3 13
10	3 3 2 14
11	4 4 5 16
12	1 5 1 2 19
13	1 1 1 1 14
14	2 2 4 1 1 2 11
15	1 2 1 1 1 1 2 9
16	2 2 2 1 1 1 2 9
17	3 2 5 3 8
18	2 1 2 7 8
19	1 1 2 3 7 8
20	2 1 2 1 1 12 8
21	3 1 2 1 12 8
22	3 1 3 1 1 9 9
23	1 3 1 2 4 22
24	1 3 1 2 1 1 6 3
25	2 3 1 5 10 8
26	2 2 1 3 1 1 7 3 2
27	2 2 1 2 2 3 3 4 7
28	2 3 1 1 1 3 1 3 2 2 5
29	5 1 1 1 1 1 4 3 2 1 1 3
30	1 1 1 1 1 1 3 1 3 1 1 2
31	2 2 1 1 1 1 2 1 2 1 2 1
32	2 1 1 1 1 1 2 1 1 2 2 3 1
33	2 1 1 1 5 2 3 2 2 3
34	3 1 1 4 4 1 1 2 1 2
35	2 1 2 2 4 2 1 3 1
36	5 2 4 3 3 1 3 1
37	2 2 3 2 3 4 2 1 1 1
38	2 2 11 2 3 2 4 1
39	3 1 4 1 4 2 1 1 1
40	2 2 3 1 6 8 2 2
41	1 5 3 10 2 2 6
42	2 3 2 3 2 11 1 5
43	3 1 4 1 6 1 4
44	1 6 9 5
45	5 10 6

Row	Clues (left to right)
1	3
2	7 2 2
3	5 5 1 1
4	2 3 5 2 2
5	2 2 1 3 2 1
6	12 2 3 2 2
7	3 8 3 1
8	2 4 6 1
9	5 3 3
10	4 3 24
11	4 2 4 1
12	2 1 27
13	3 2 5 11
14	5 3 2 9
15	8 1 6 2 2
16	9 5 2 1 1
17	10 8 1 3
18	2 6 10
19	3 5 1 3 3 3 1
20	1 2 1 1 2 2 1 1 1
21	1 1 3 1 1 1 3
22	6 3 1 2 2 3
23	2 2 3 2 5 2 3
24	11 14 3 11
25	11 11 4 8
26	9 1 22 7
27	8 2 10 2 2 2 5
28	7 1 11 1 2 2 2 4
29	6 5 7 2 4 4 5
30	5 2 3 1 11 3 2
31	3 2 1 1 3 3 1 1 2
32	2 4 1 1 2 3 3
33	1 5 1 1 2 1
34	6 1 2 1
35	8 1 1 10 2
36	9 1 1 2 2 2 3
37	11 2 1 1 3
38	19 1 1 2 1
39	20 1 2 4 5
40	21 1 6 3 2 1
41	22 4 3 2 2
42	23 4 3 5
43	24 3 1 5
44	24 6 6
45	24 12

C108 양 갈래 머리의 개구쟁이

난이도 ★★★★☆

45×45

열	힌트
1	7 15
2	9 15
3	4 6 15
4	1 1 23
5	1 1 3 15
6	4 11
7	4 7
8	2 2 3
9	7 6 2 6
10	15 1 1 7
11	3 10 2 9
12	2 4 4 3 6
13	2 11 5 3 6
14	2 3 2 4 2 2 6
15	5 2 2 2 3 2 6
16	10 2 3 2 2 3 3
17	2 3 1 3 2 2 3 5
18	2 4 4 1 1 2 4 5
19	1 2 2 1 3 3 1 1 5
20	1 4 2 1 1 4 2 1 6
21	1 2 1 1 1 1 2 5 3 2
22	2 2 2 2 1 2 1 2 3 9
23	2 1 1 2 4 2 2 16
24	3 2 1 1 4 2 2 16
25	3 2 2 2 2 2 16
26	3 3 2 2 2 16
27	3 3 3 2 2 9
28	4 7 4 5 2 4
29	5 20 2 2 2
30	15 3 4 4 2 2
31	10 1 2 2 8 2
32	4 3 1 2 1 1 1 1
33	4 2 1 4 2 4
34	2 4 2 4 1 7
35	7 1 1 2 1 1 4
36	1 1 2 1 1 2 1 3 3
37	6 2 1 2 8 5
38	3 3 5 2 4 4 7
39	2 2 2 2 4 2
40	2 4 4 5
41	1 5 2 5
42	7 2 2 9
43	8 10 4
44	2 8 7 10
45	2 4 21

행	힌트
1	10 3
2	4 7 3 3
3	4 6 1 4
4	5 4 2 4
5	2 3 3 4 3 7
6	2 10 4 2 9
7	2 5 3 10 5
8	1 2 1 3 4 4 1 2 4
9	3 3 2 3 8 3 3
10	3 1 1 2 5 4 2
11	3 2 2 2 4 4 2 2
12	5 2 2 7 1
13	5 3 1 10
14	5 4 5 2
15	7 2 1 2 2
16	2 2 2 3 4 7
17	2 1 5 2 2 1 1
18	6 2 2 5 2 1 2
19	3 3 3 2 4 2 2 2 4
20	2 5 3 4 3 2 2 2
21	7 1 5 5 4 2 1
22	3 6 3 5 3 2 2 3
23	2 6 10 7 3
24	5 2 3 1 2
25	5 3 3 3 2 1 3
26	4 5 3 5 7 3
27	4 3 2 10 5 4
28	3 3 2 3 4 5 4
29	3 1 2 3 2 1 2 2 3 1
30	3 1 2 8 1 1 1 2 1
31	11 1 3 6 1 1 1 3 1
32	9 1 1 11 3 1 2 3 1
33	8 1 2 2 4 4 2 7 2
34	7 1 1 1 4 1 5 1 3 1 2
35	7 2 1 1 2 4 3 2 1 1 1 4
36	7 1 1 1 1 4 1 1 3
37	7 1 1 2 1 6 3
38	6 1 2 1 1 6 3
39	6 1 1 1 1 2 6 2 1 2
40	6 2 2 1 1 1 6 2 1 2
41	5 2 1 1 2 1 6 2 2
42	5 2 1 1 1 1 7 2 2
43	5 2 1 2 1 1 7 2 1
44	4 2 1 1 1 9 2 2 1
45	4 2 1 1 1 8 2 2 1

D109 나쁜 기운을 풀어내요

난이도 ★★★★☆

40×50

열	세로 힌트
1	11
2	4 3
3	3 4 2
4	5 2 2
5	2 1 1 1
6	1 1 3 2
7	1 1 2 2 4 2
8	1 3 2 1 1 3
9	1 2 5 1 2
10	1 2 2 4 2 2
11	1 1 2 2 1 2 2
12	1 2 3 1 2 2
13	1 2 1 1 2 2
14	2 1 1 1 2 2
15	2 2 1 1 2 3 4
16	2 1 1 1 1 2 2 1 1
17	2 1 1 1 2 2 3 1 2 1
18	1 2 1 1 2 2 2 1 1 2
19	1 2 1 1 1 2 3 1 1 2
20	1 2 2 1 2 5 1 2 2
21	1 4 3 1 5 1 3 3
22	3 3 1 1 5 1 2 1 5 1
23	4 1 1 1 1 2 7 11 1 1
24	3 1 2 1 3 2 19 1 2
25	6 2 2 2 5 15 1 3
26	5 2 4 2 1 3 22
27	1 4 3 2 4 2 2 4 6 2
28	6 4 6 3 1 11 2 3
29	4 1 4 11 15 4 1
30	6 10 1 17 1 1
31	4 9 1 14 1 2
32	6 5 2 4 12 2 3
33	3 2 3 2 2 2 18
34	6 2 2 2 8 2
35	6 2 2 2 1 3 2
36	5 4 2 2 1 3
37	5 2 2 2 3 2 2
38	4 1 3 2 3 1 3
39	5 1 2 3 2 1 3
40	3 1 3 7

행	가로 힌트
1	20 6 6 2
2	5 4 3 13
3	4 18
4	2 5 11 6
5	1 2 3 2 4 11
6	1 1 6 6 4 4
7	1 1 2 2 2 4
8	1 2 1 3 2 5 3 2 1
9	1 4 4 12 1 2
10	1 2 2 7 1 1
11	2 2 6 6 4
12	1 1 1 3 4 2 2
13	2 1 3 3 2 2 2
14	2 4 1 1 1 4 1
15	4 3 2 1 3 2
16	2 2 3 5 2
17	1 3 1 4 2
18	5 3 3 3 2
19	2 7 2 1 2
20	1 1 3 1 2
21	1 2 1 2 2
22	5 3 3 1
23	4 7 1
24	5 4 1 4
25	9 5 4 1 1
26	2 6 10 1
27	8 1 1
28	6 4 1 3 2
29	11 8 2
30	3 1 8 2
31	2 9 1
32	1 9 2
33	2 3 6 1
34	1 4 6 2
35	1 4 6 2
36	1 4 7 1
37	2 4 7 1
38	1 4 7 4
39	1 5 9 1
40	4 5 6 3
41	1 3 5 12
42	3 6 11
43	4 5 4
44	4 3 2
45	2 1 6
46	6 1 1
47	1 1 1 1
48	2 2 2 2
49	4 5 5
50	19

D110 기둥을 빙글빙글 돌아요

난이도 ★★★★☆

40×50

열	힌트
1	5 32 10
2	5 28 3 6
3	5 25 4 4
4	5 21 4 4
5	6 18 4 3
6	6 13 1 3 3
7	7 9 3 3
8	8 6 4 2
9	8 2 5 2
10	9 2 4 2
11	9 1 5 2
12	5 2 2 1 4 2
13	2 1 2 1 2 2
14	2 1 5 1
15	1 4 3 1
16	2 3 1 8 4 1
17	5 2 3 4 3 3 1
18	2 1 2 4 3 4 1
19	3 3 4 4 4 1
20	4 4 5 1 3 1
21	6 4 8 4 1
22	5 3 5 5 3 4 1
23	8 7 6 6 1
24	6 2 5 7 4 1
25	5 1 2 9 3 1
26	6 1 1 9 2 1
27	6 1 1 3 7 3 1
28	2 2 1 1 1 5 3 1
29	1 2 1 1 1 4 3 1
30	2 2 1 2 5 4
31	2 2 1 1 3 4 2
32	4 3 1 1 2 1 1
33	3 17 23 1
34	3 16 25
35	3 2 3 3 1
36	2 1 2 3 1 2 1
37	6 2 3 2 4 2
38	10 4 3 3 2
39	14 4 1 2 3
40	19 9 3 4

행	힌트
1	13 7 2 2 5
2	13 12 2 5
3	12 2 9 2 4
4	12 1 8 1 1 4
5	12 2 7 2 1 4
6	7 1 1 2 4 4 4
7	1 5 2 2 2 4 3
8	4 4 1 2 2 2 3
9	5 3 2 1 2 2 3
10	6 3 1 1 2 3 3
11	8 6 6 3 2
12	10 2 2 4 2
13	12 2 2 2 2 2
14	8 2 2 2 6 2 2
15	8 13 2 1
16	8 10 2 1
17	7 10 2 1
18	7 6 1 2 1
19	7 1 1 2 1
20	6 2 3 2
21	6 1 11
22	6 2 4 3
23	5 1 4 2
24	5 2 5 1
25	5 8 1
26	5 9 5 2
27	4 12 3 1
28	4 8 3 1
29	3 2 1 4 2
30	3 1 1 2 2 1
31	3 1 1 2 1 1
32	3 2 2 2 2 1
33	2 1 1 2 1 1
34	2 2 1 2 2 1
35	2 1 1 1 1 2 2 2 1
36	1 1 1 2 1 2 4 2 2 1 1
37	1 1 5 11 3 2 1 3
38	1 2 19 7 1
39	23 9
40	11 2 1 8
41	6 2 2 2 4
42	3 1 1 2 1
43	1 2 1 2
44	1 1 4
45	2 2 2
46	2 1 2
47	4 2 2 1
48	7 1 2 2
49	13 2 1 4
50	40

D111 캄보디아의 전통 무용이에요

난이도 ★★★★★

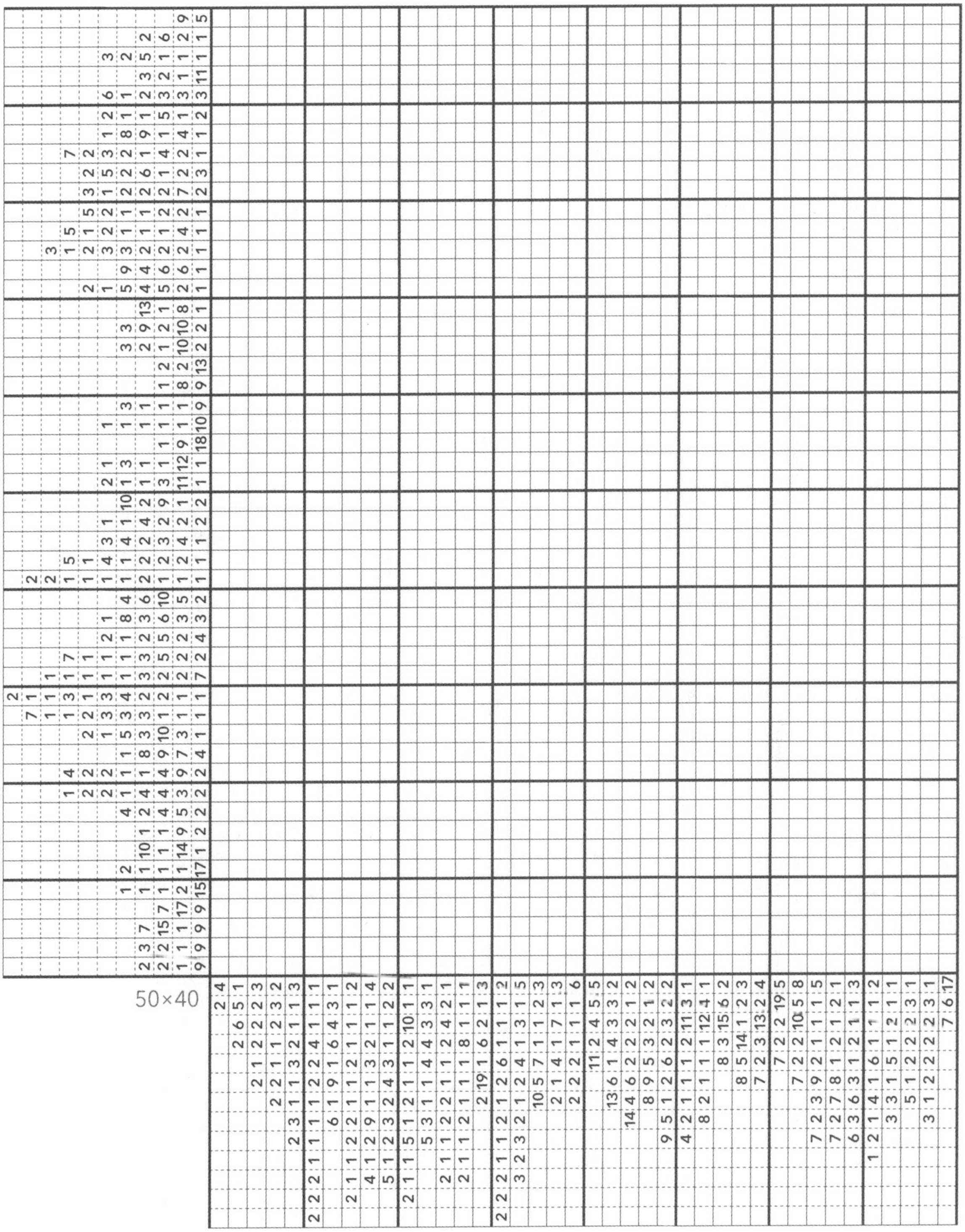

50×40

D112 테트리스가 끝나면 나와요

난이도 ★★★★★

50×40

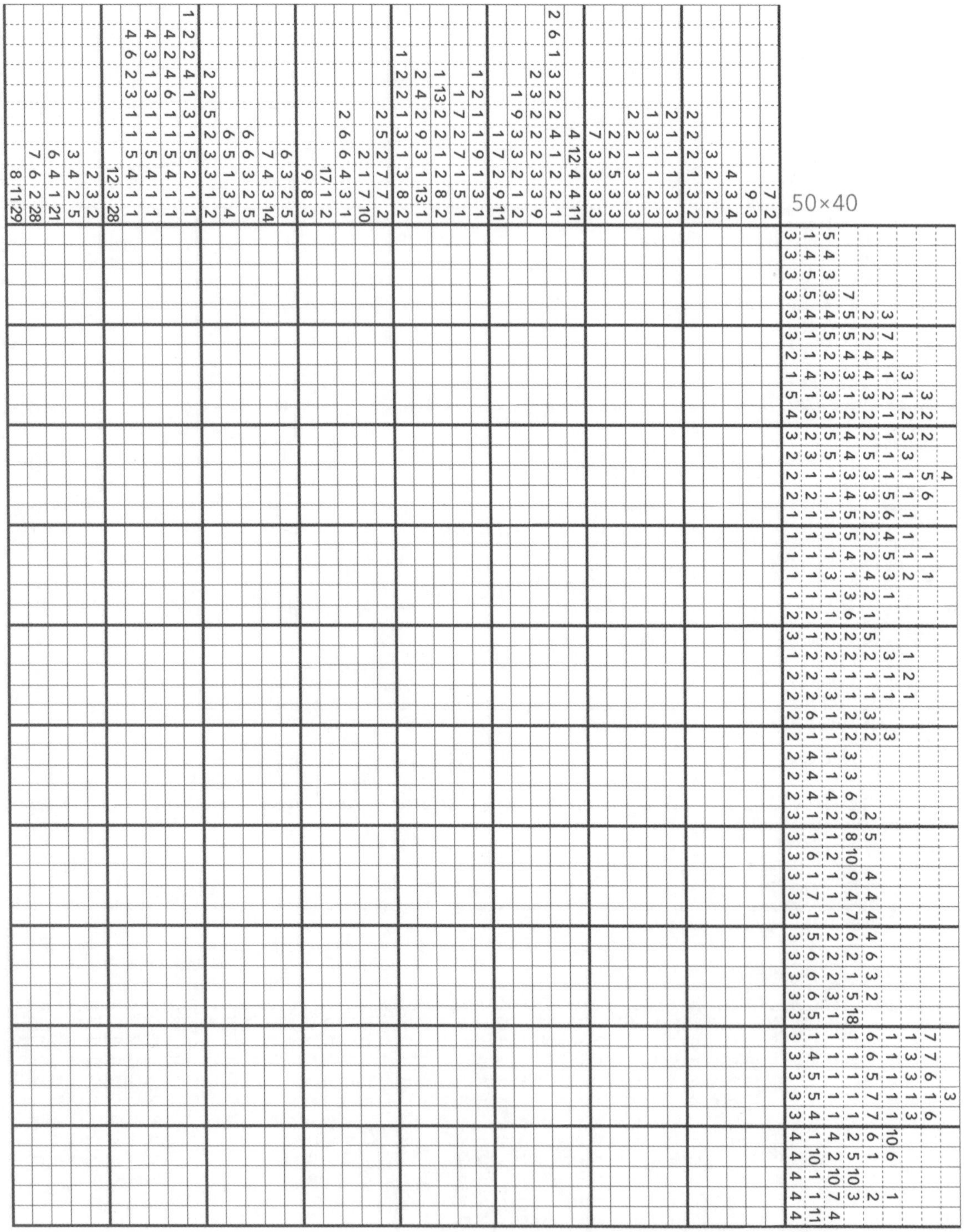

D113 집시들의 애환이 담겨있어요

난이도 ★★★★★

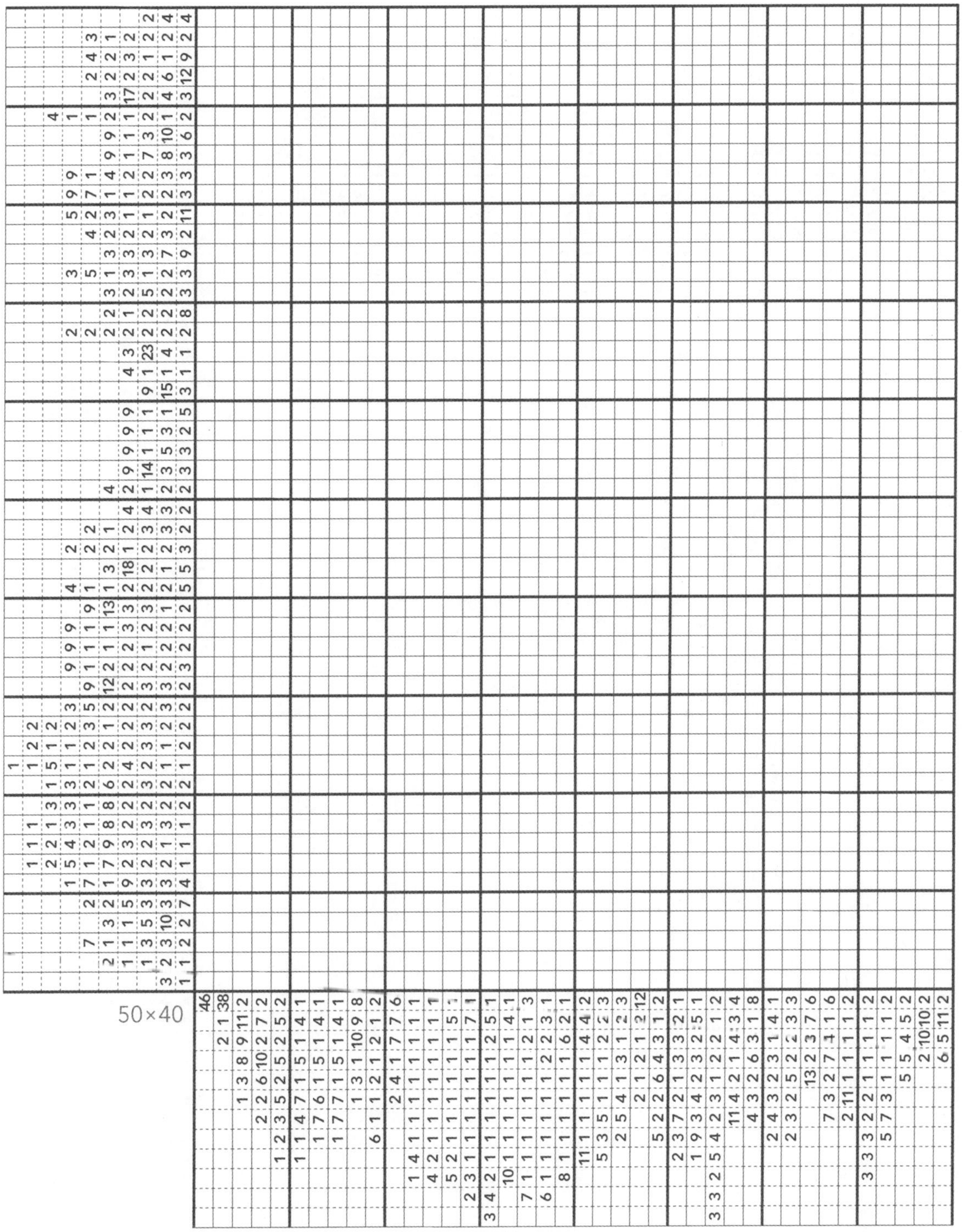

50×40

D114 헐렁한 옷과 금목걸이

난이도 ★★★★★

50×40

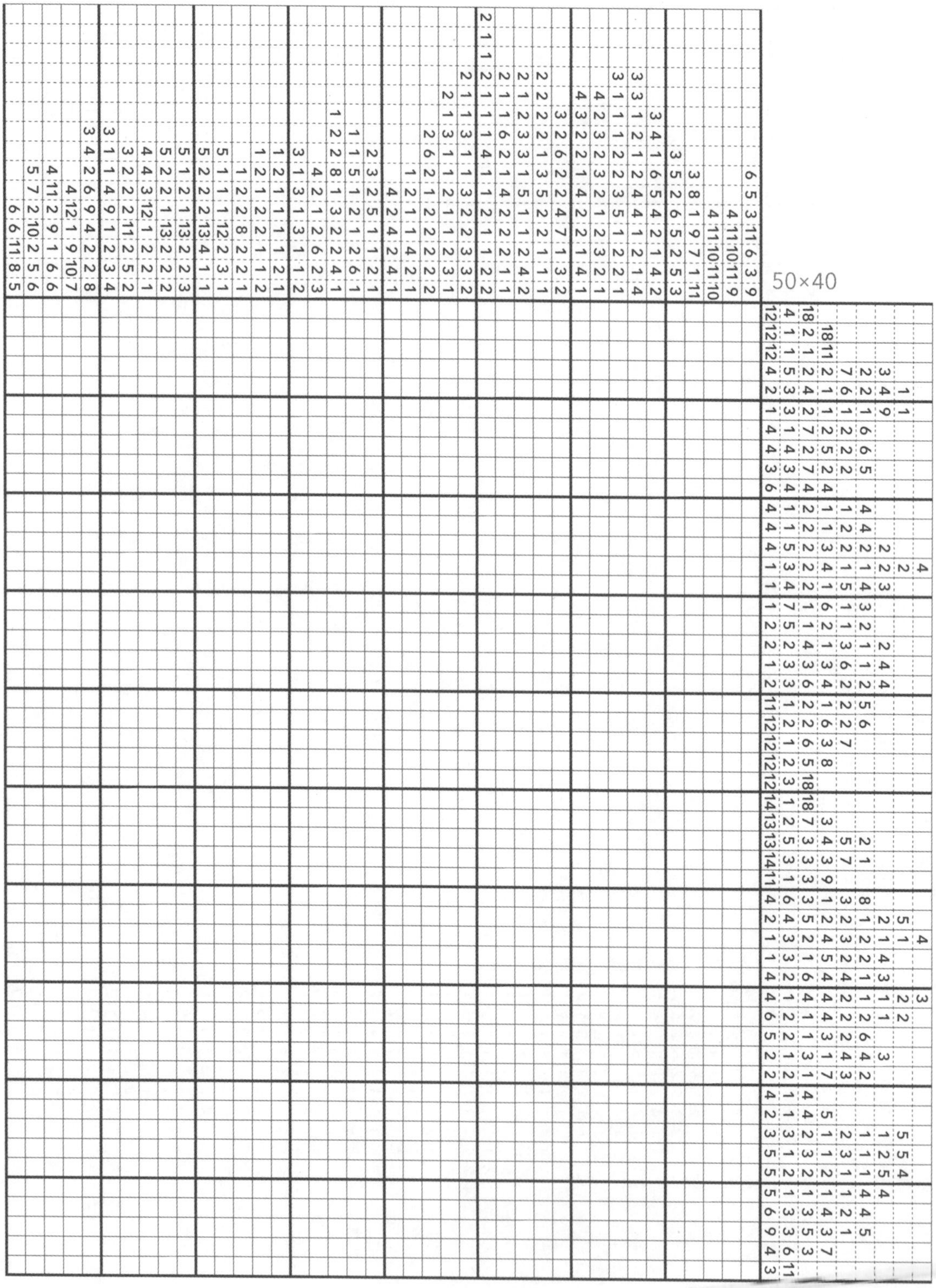

D115 하와이 하면 가장 먼저 떠올라요

난이도 ★★★★★

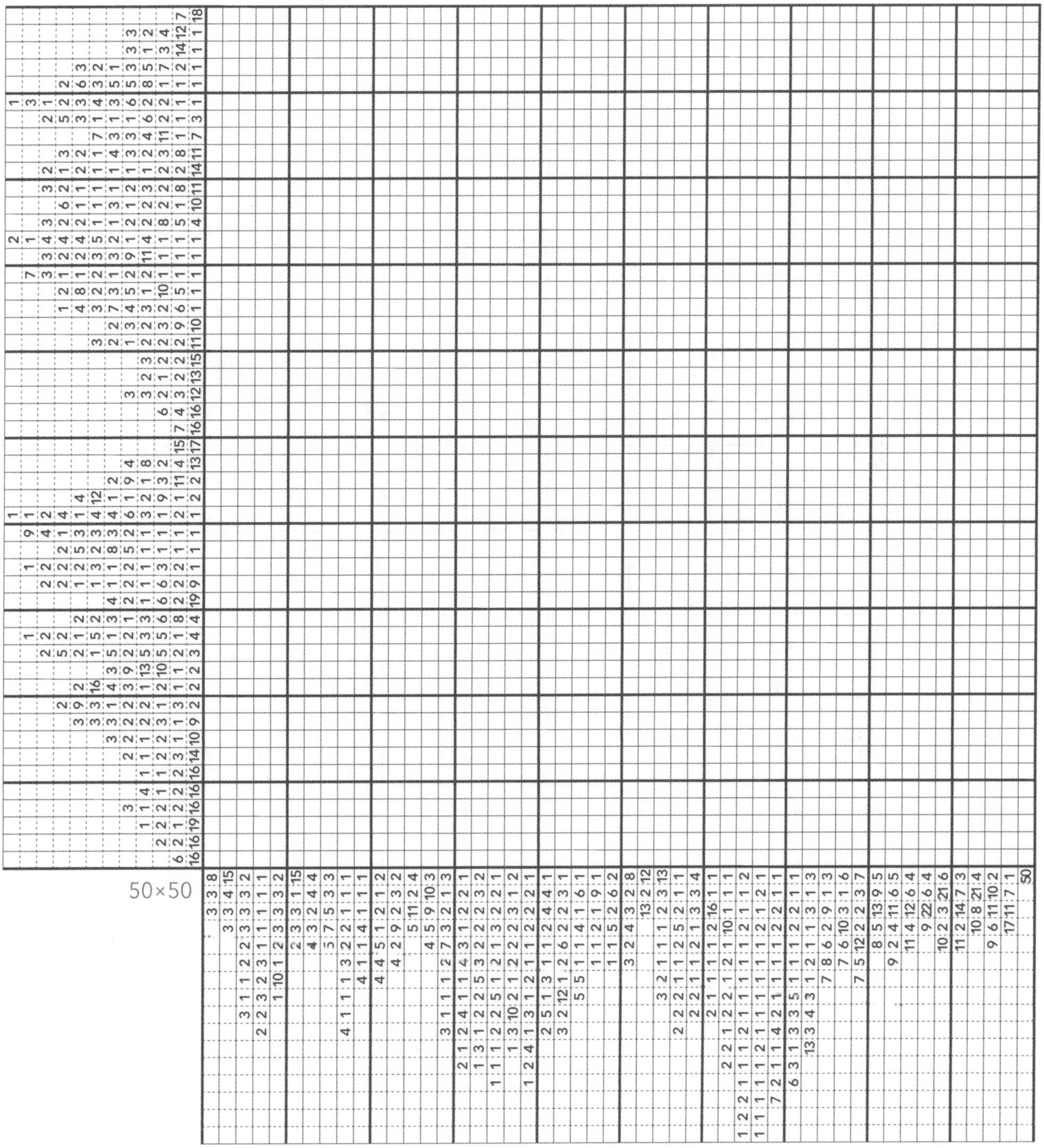

50×50

D116 거대한 사자가 춤을 춰요

난이도 ★★★★★

50×50

D117 스윙재즈에 맞춰 통통 튀는 춤을 춰요

난이도 ★★★★★

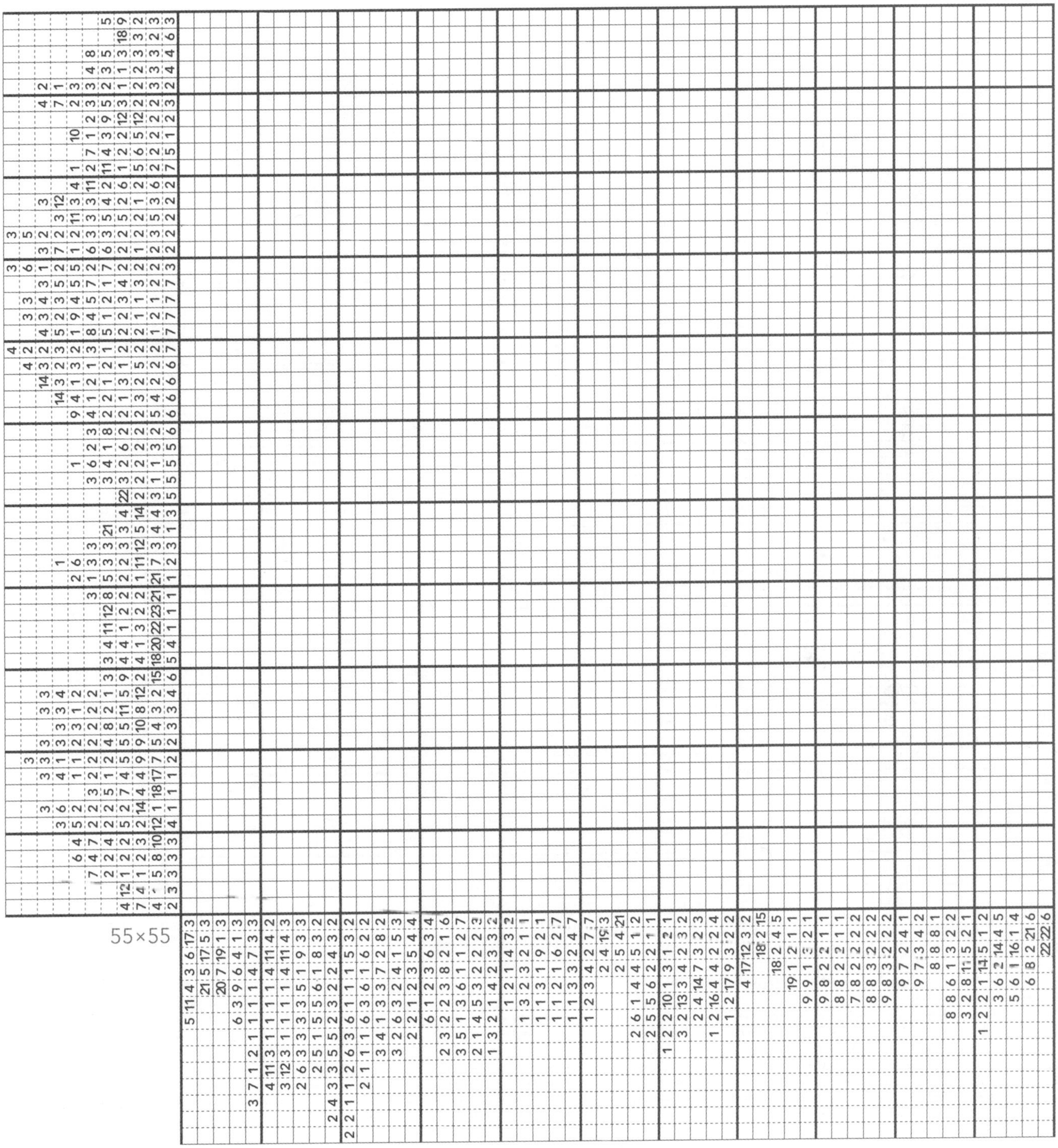

55×55

D118 남자는 투우사, 여자는 빨간 망토를 상징해요

난이도 ★★★★★

55×55

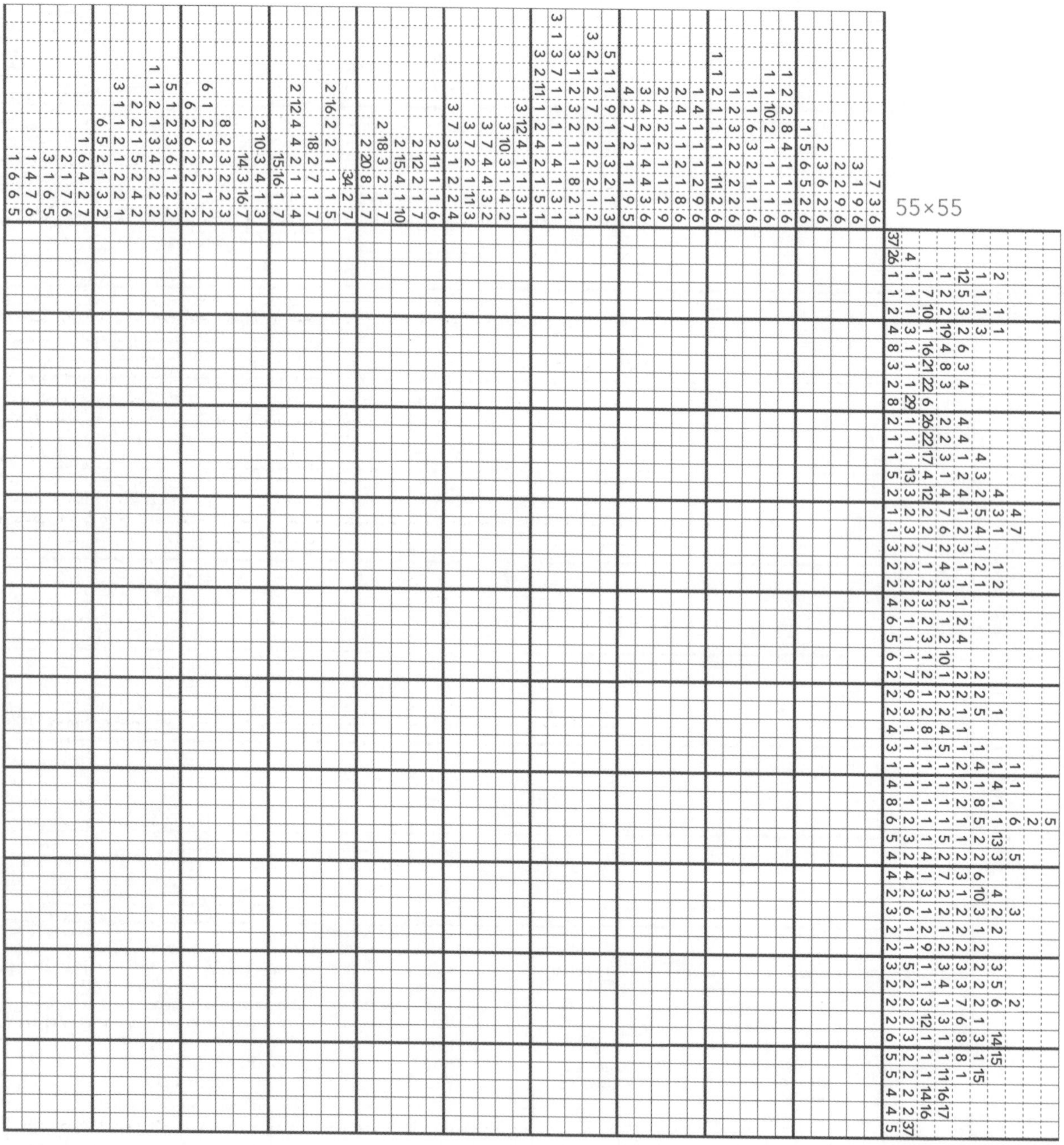

D119 알록달록 깃털이 멋있어요

난이도 ★★★★★

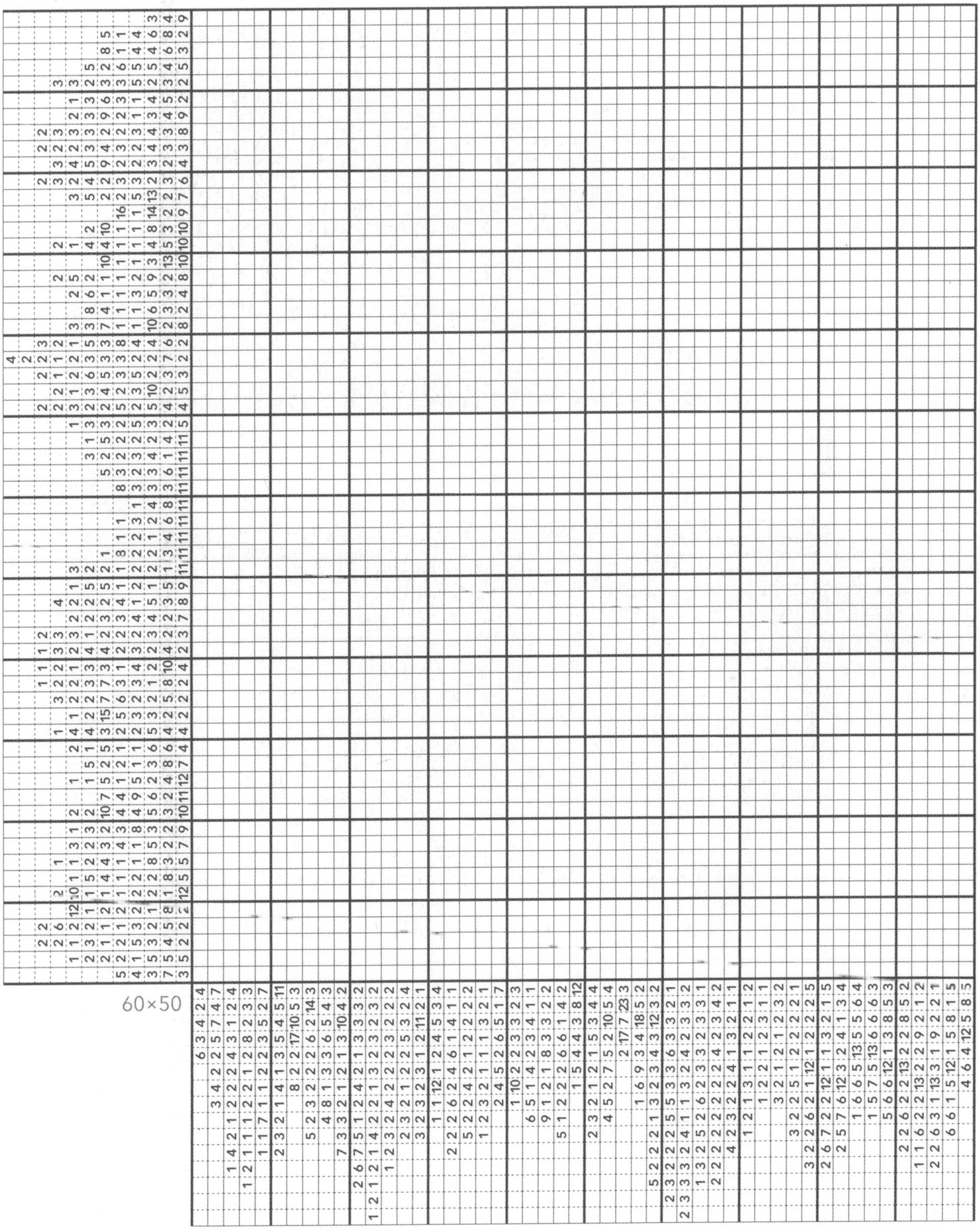

60×50

D120 화려한 치마를 입고 콩콩 뛰어요

난이도 ★★★★★

60×50

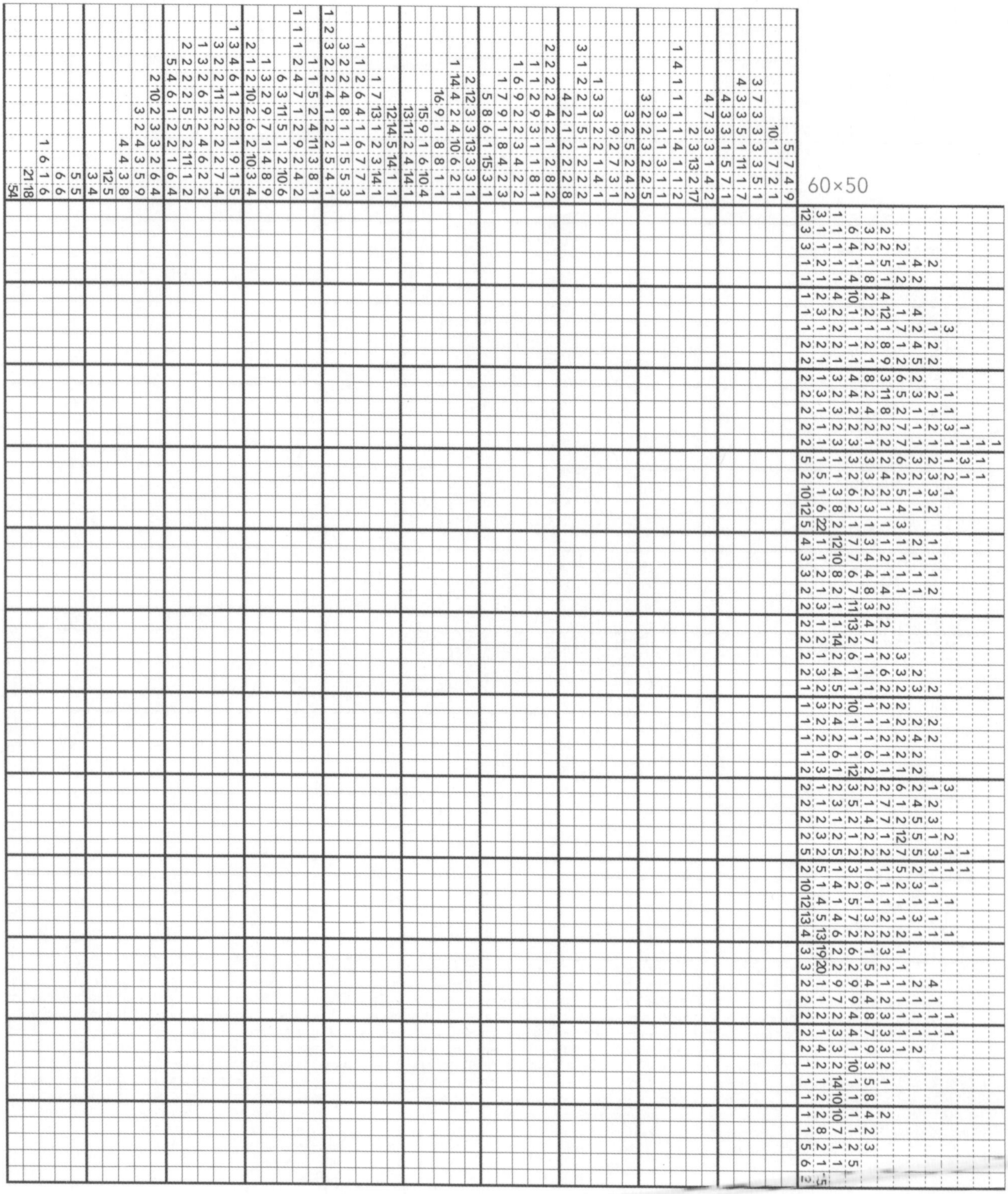

N E M O N E M O

해답

L O G I C P L U S

PART A

A1 전원 버튼

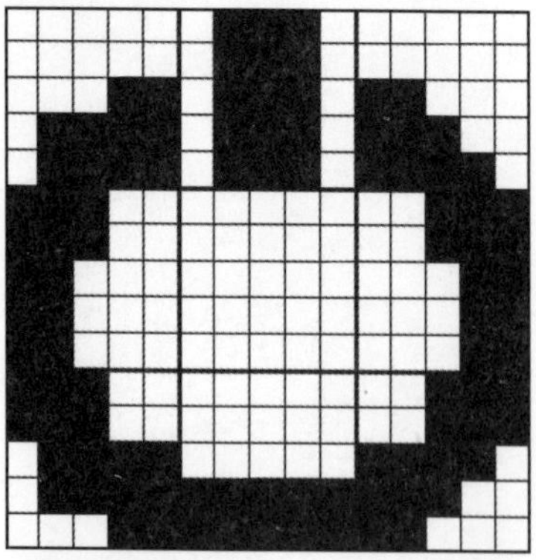

A2 아보카도

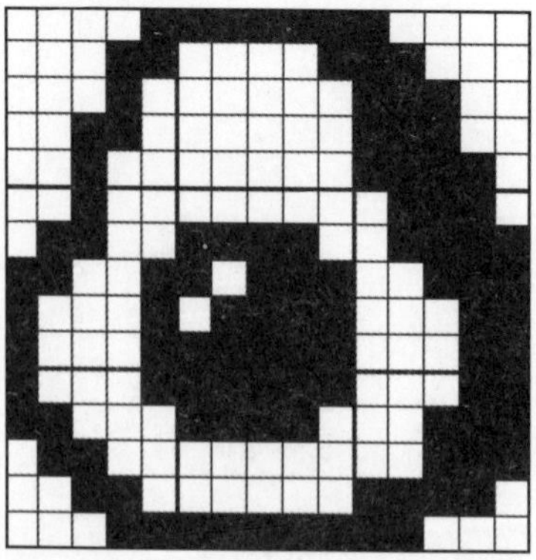

A5 + A6 아이스크림

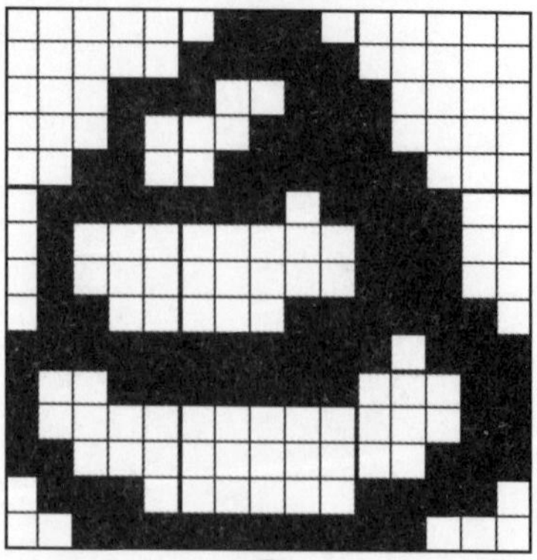

A3 은행잎

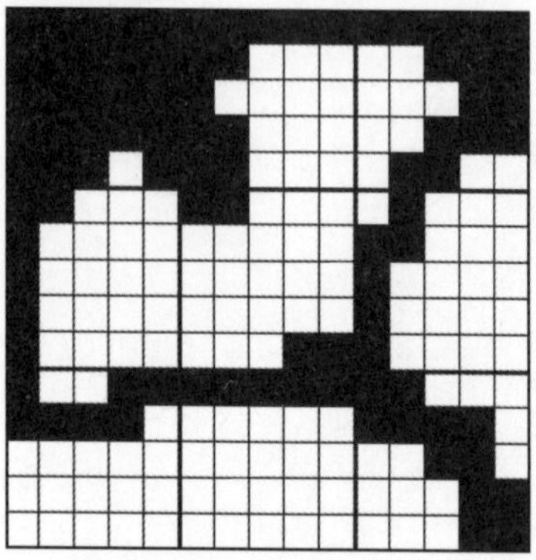

A4 음소거

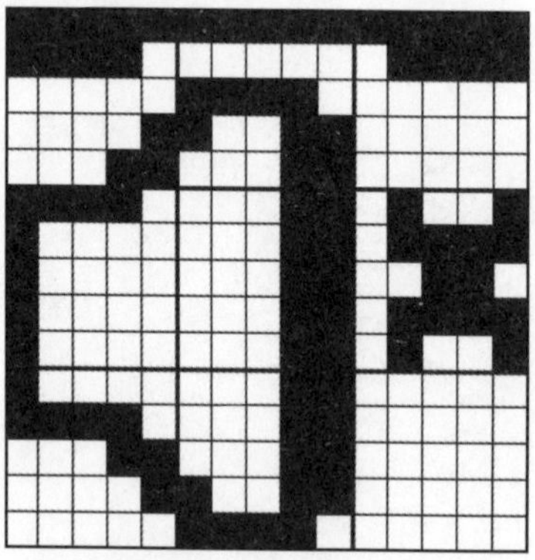

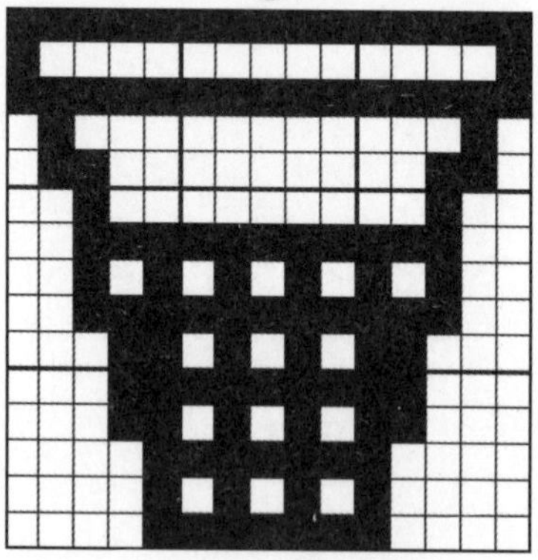

A7 사랑의 열매

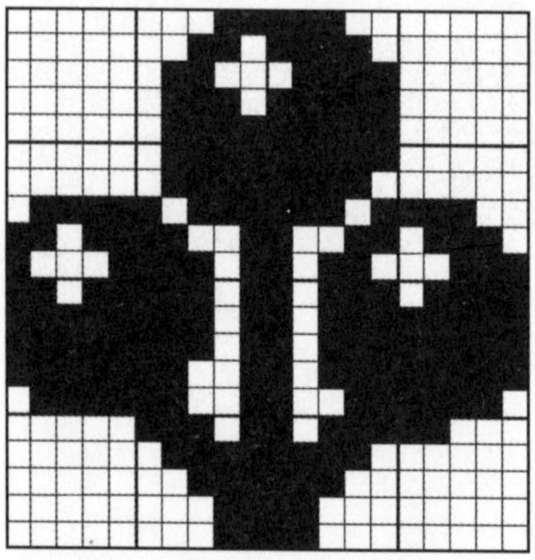

A9 + A10 눈사람

A11 고무신

A8 스탠드

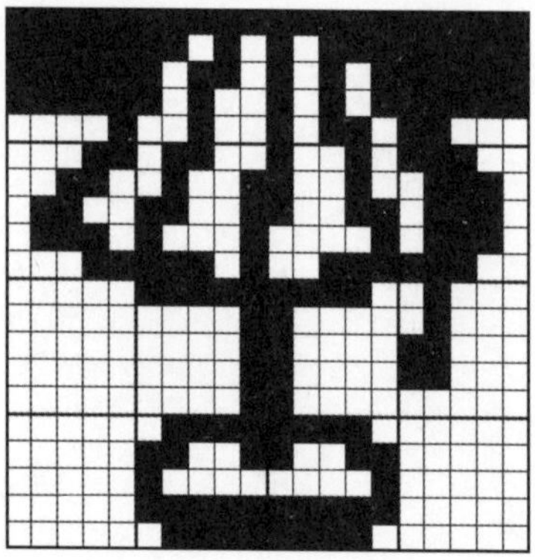

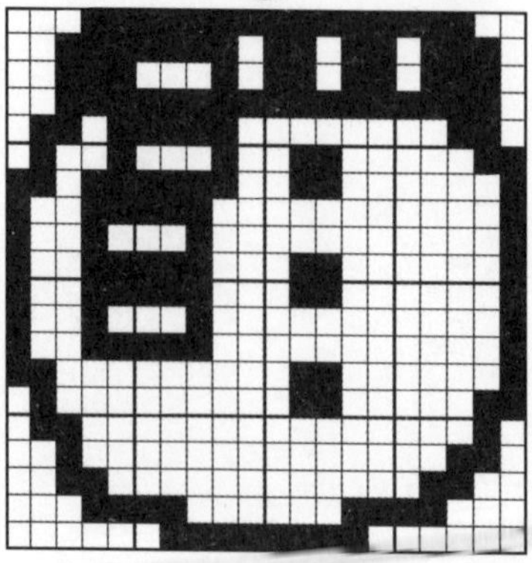

A12 번개

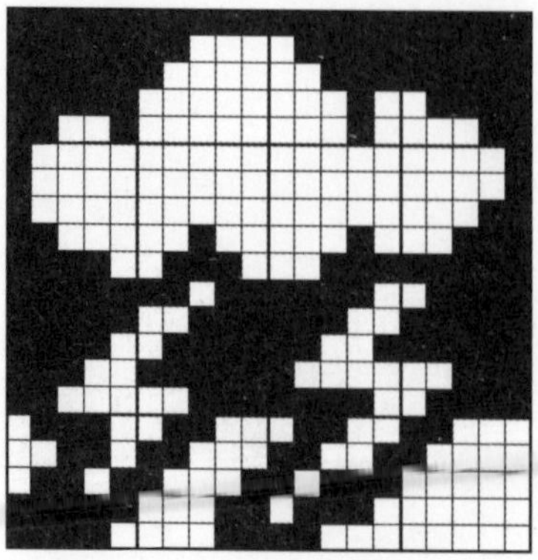

A13 물음표 느낌표

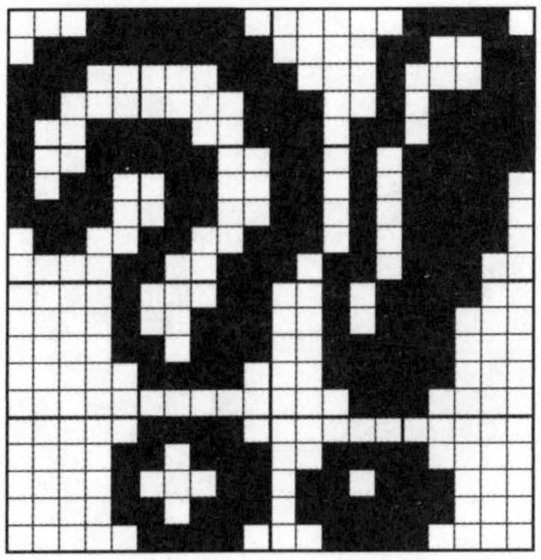

A14 그래프

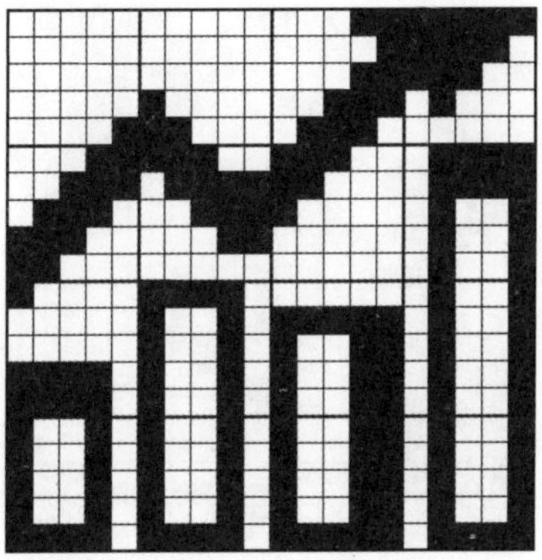

A15 감자튀김

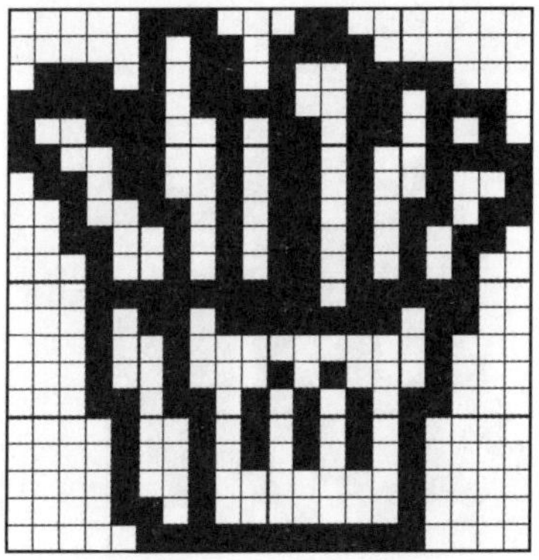

A16 일력

A17 자벌레

A18 튤립

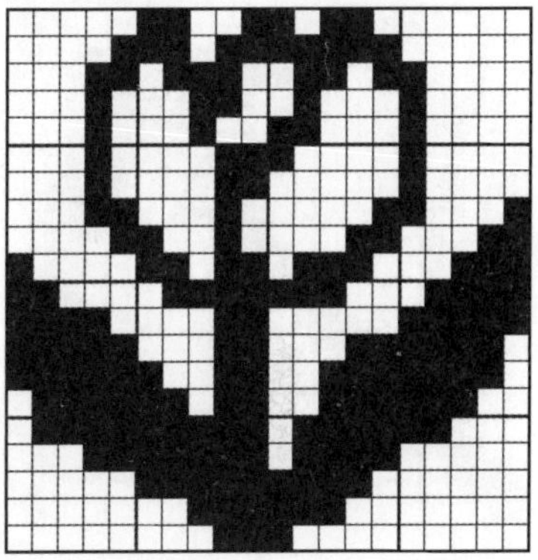

A19 자석

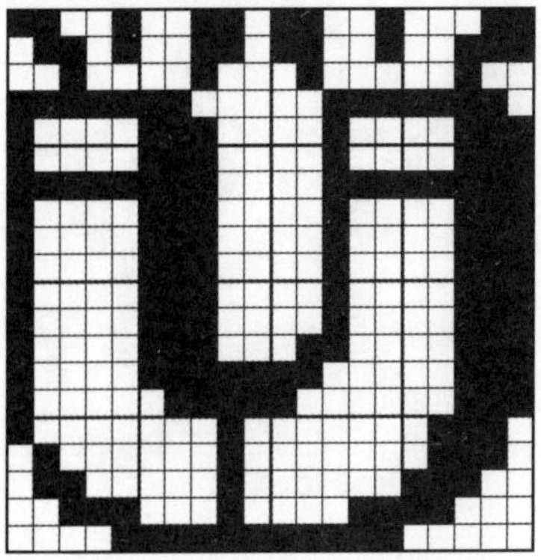

A20 브레첼

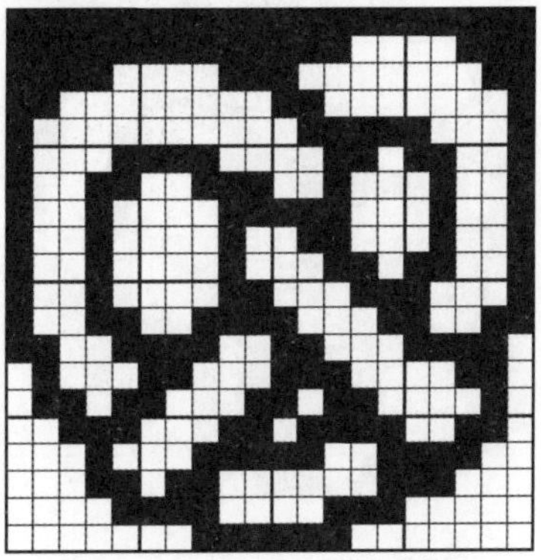

A21 전구

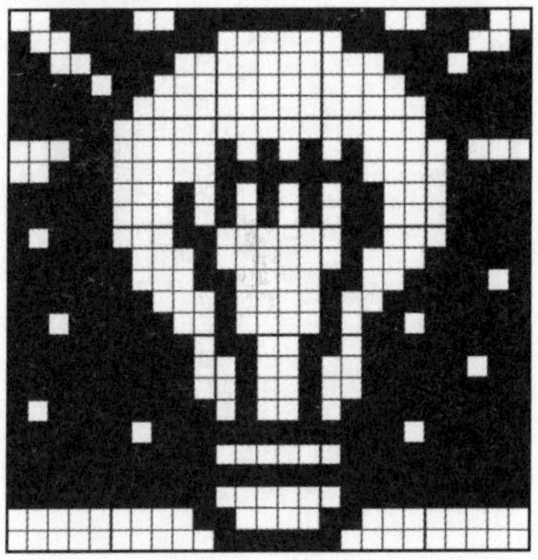

A22 하프

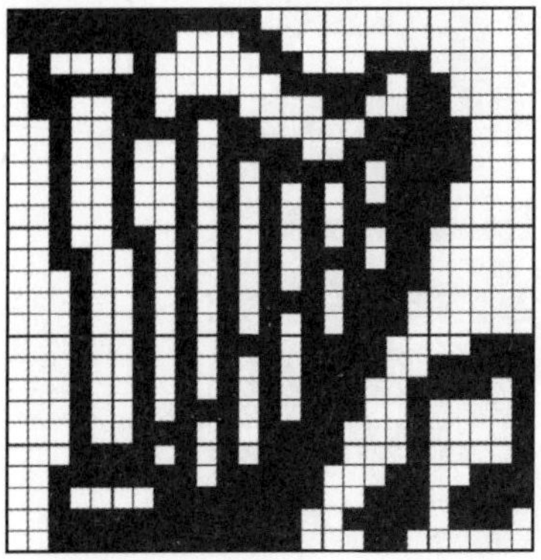

A23 펭귄

A24 집

A25 해파리

A26 쥐

A27 케이크

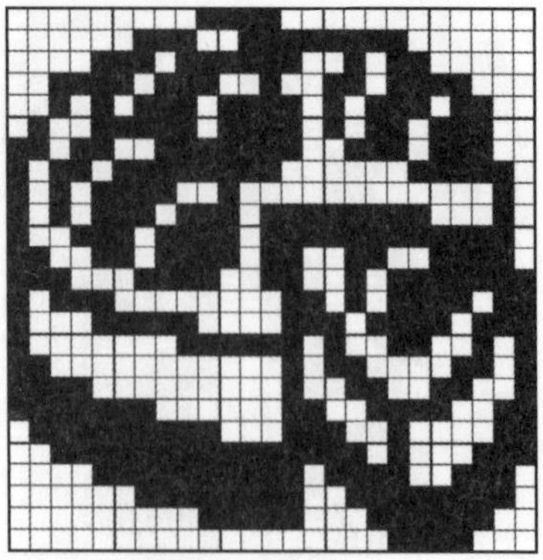

A28 활과 화살

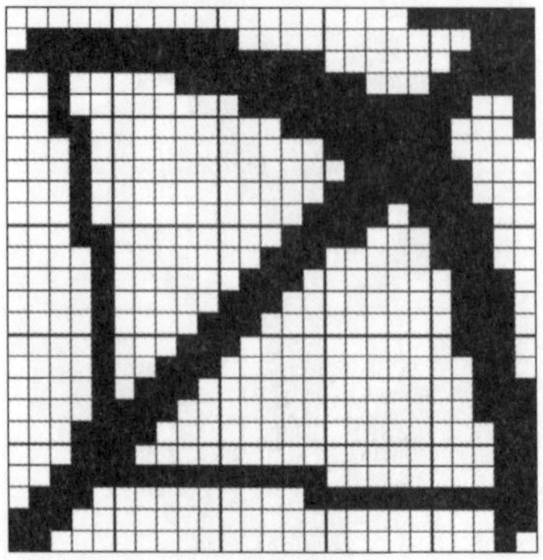

A29 상자 속 고양이

A30 개구리

A31 호랑이

A32 배낭

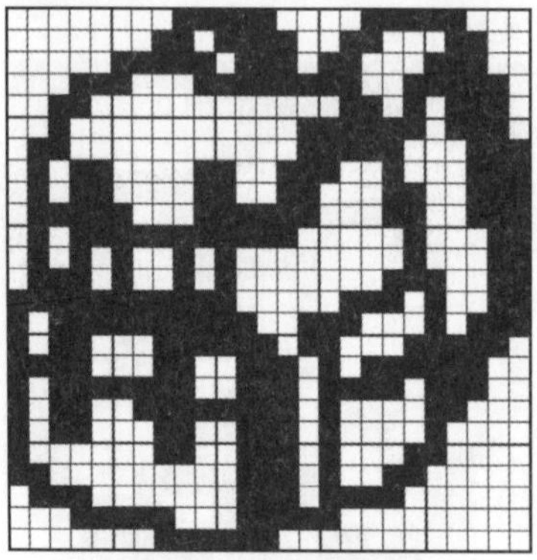

A33 만두

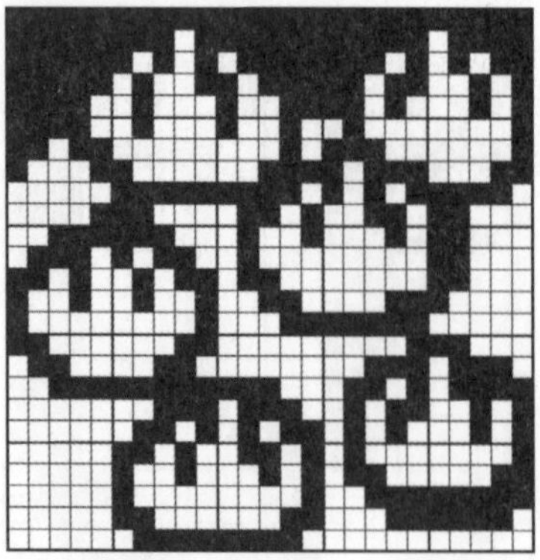

A34 선인장

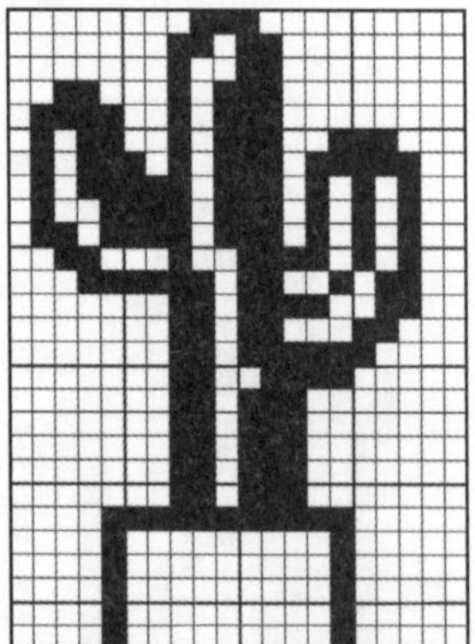

A35 피터팬의 작은 친구

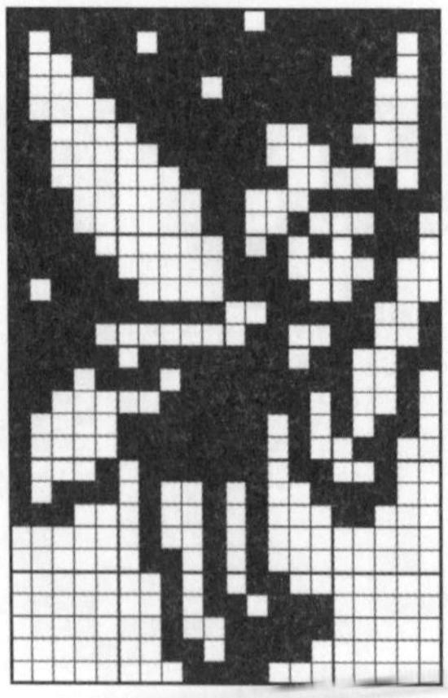

A36 파르페

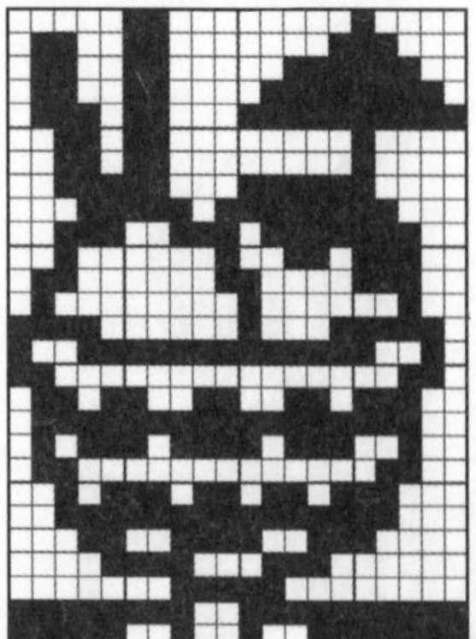

A37 호박

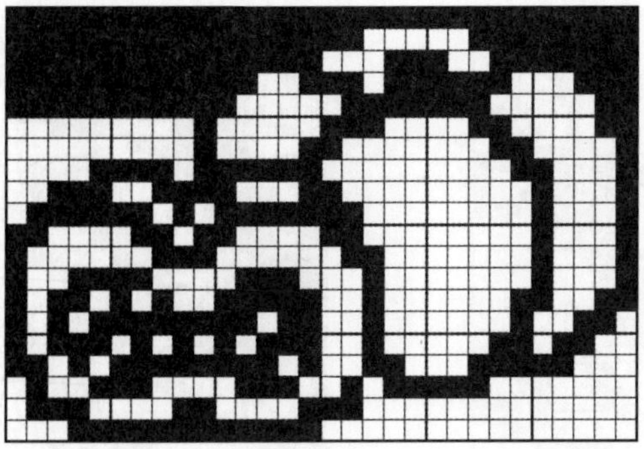

A38 톱니바퀴

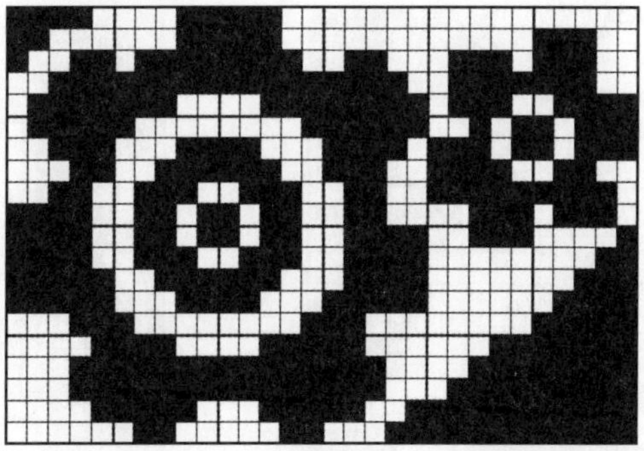

A39 아령

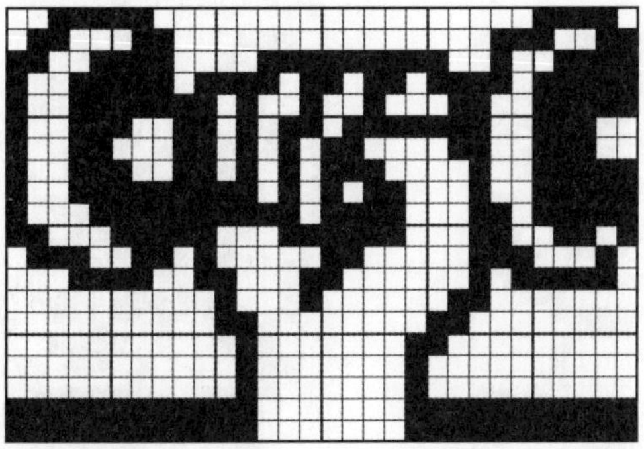

A40 넙치

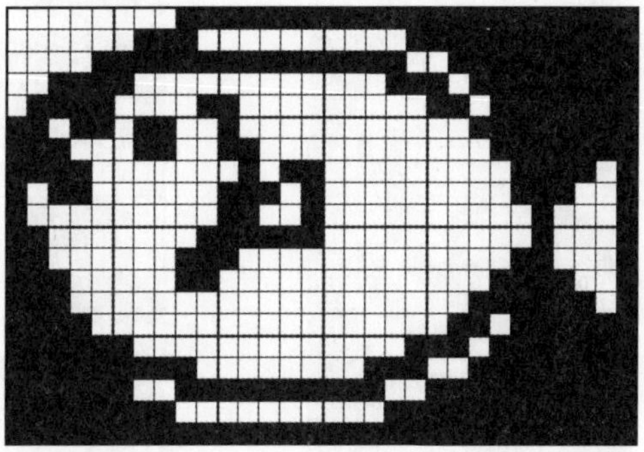

A41 크림 단팥빵

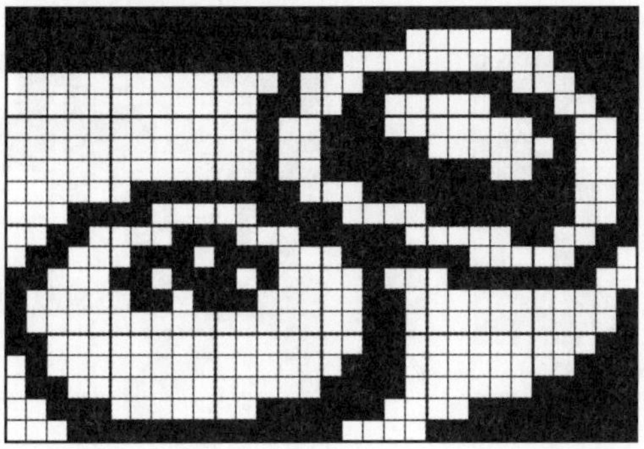

A42 소떡소떡

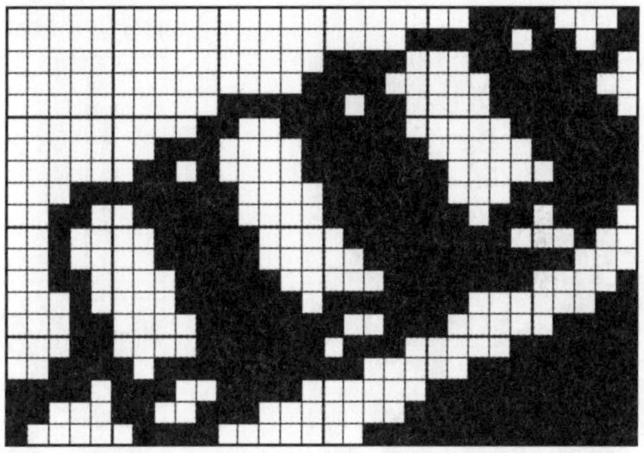

B43 물개

B44 헬리콥터

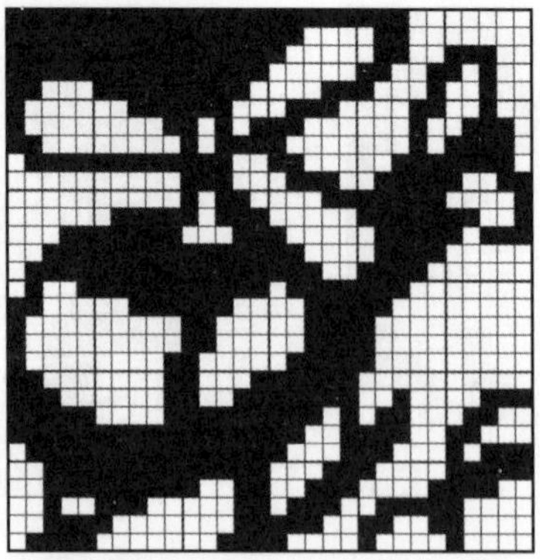

B45 병 속에 담긴 편지

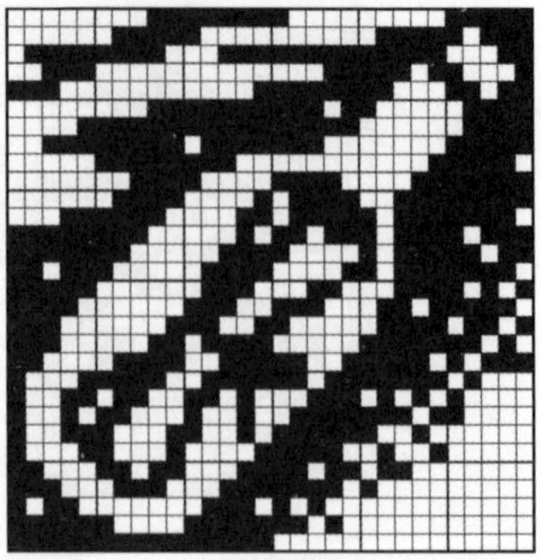

B46 쇠똥구리

B47 비둘기

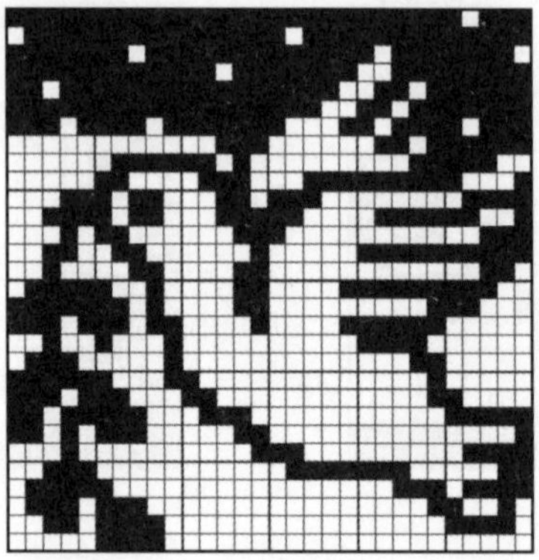

B48 아빠랑 만세

B49 귤

B50 + B51 정의의 여신

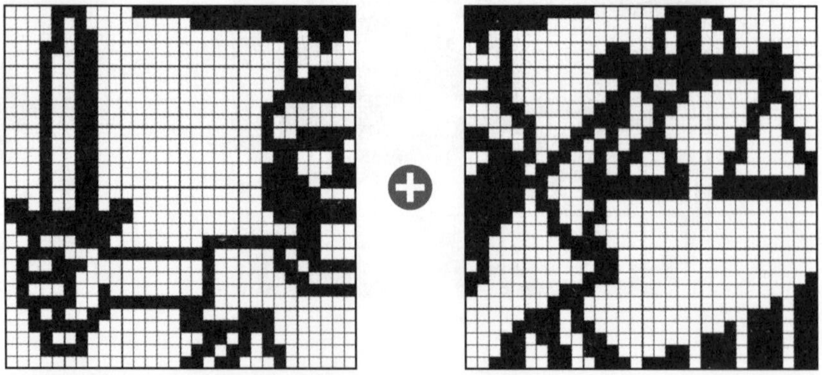

B52 꽃점

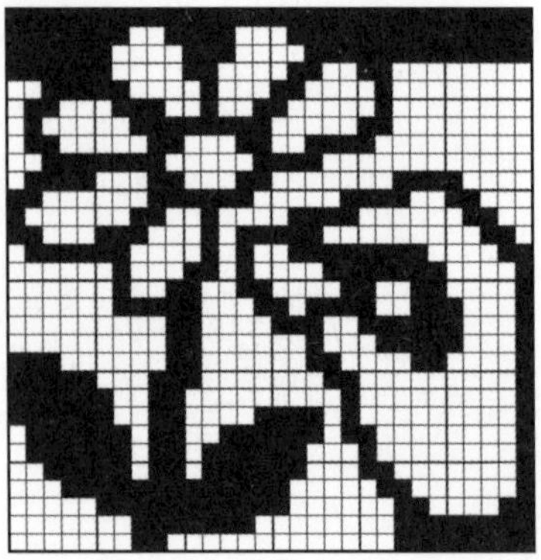

B53 모빌

B54 핑거스냅

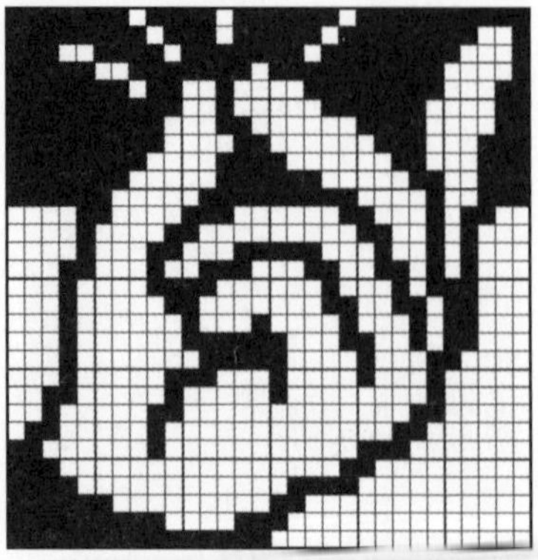

B55 돋보기

B56 풍선 불기

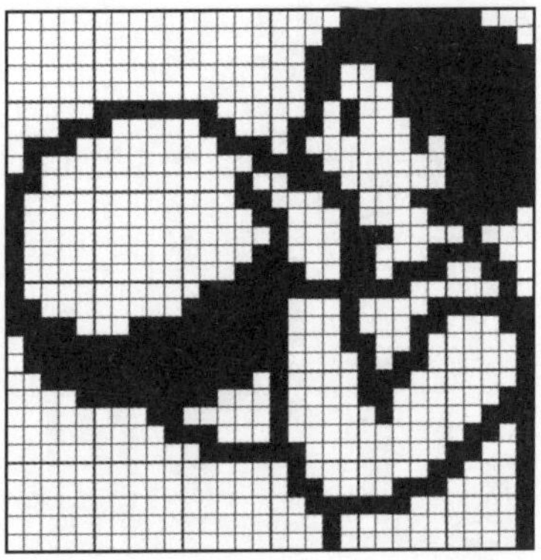

B57 토스터

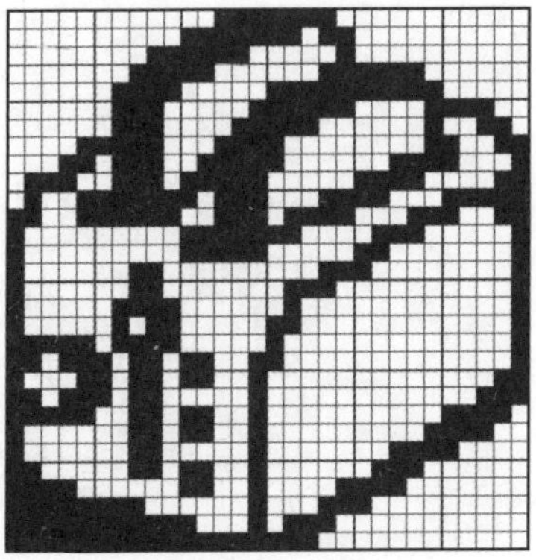

B58 + B59 가위바위보

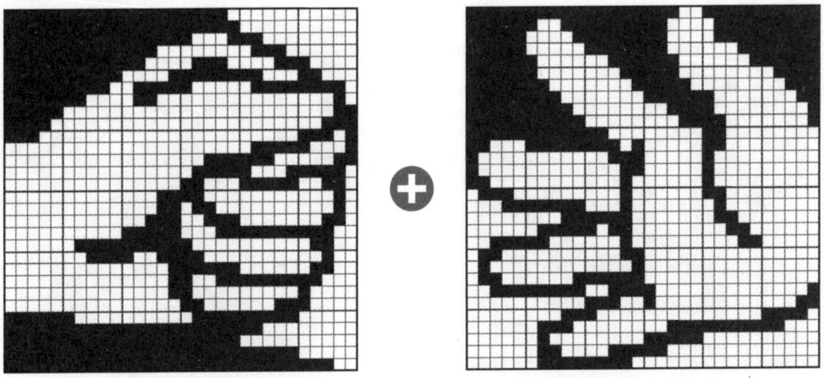

B60 라테아트

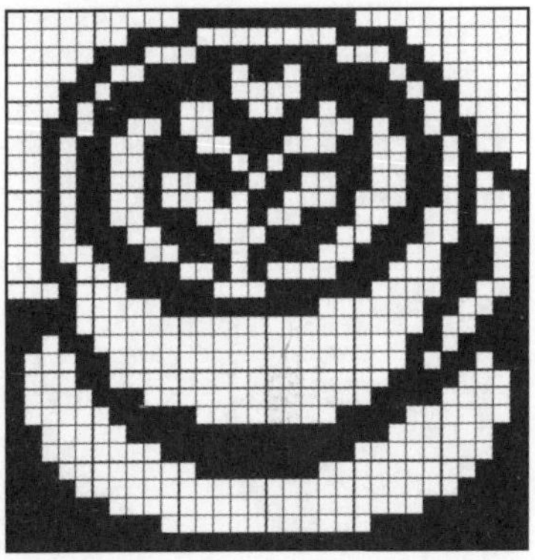

B61 커피머신

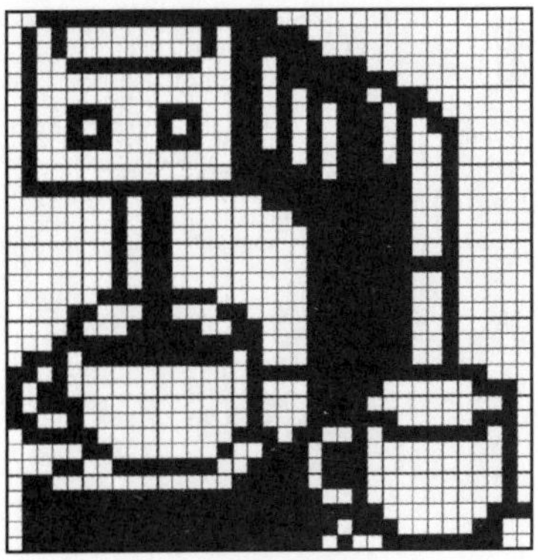

B62 뜨개질

B63 쿼카

B64 택배기사

B65 복주머니

B66 병균

B67 손오공

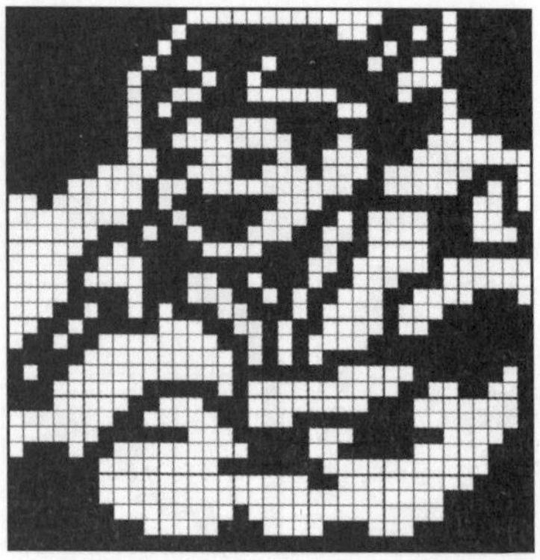

B68 알파카

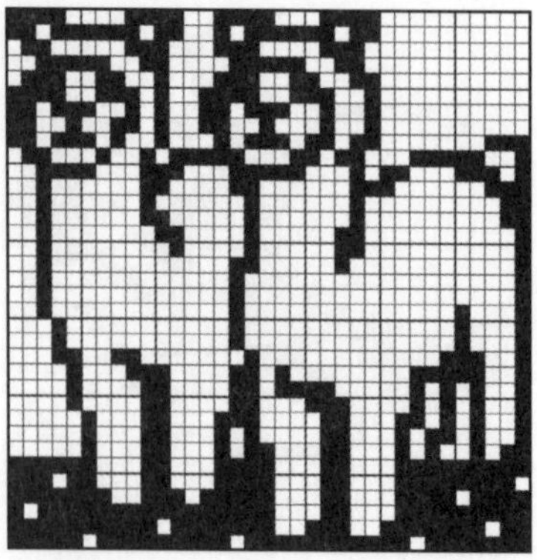

B69 양철나무꾼

B70 뽀빠이

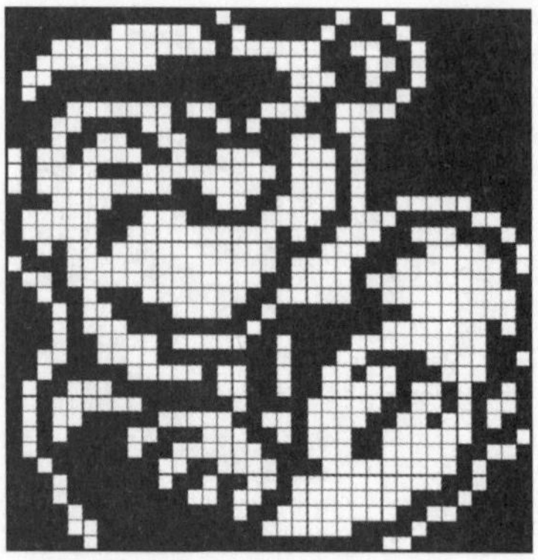

B71 축음기

B72 인라인스케이트

B73 슈퍼 히어로

B74 아르마딜로

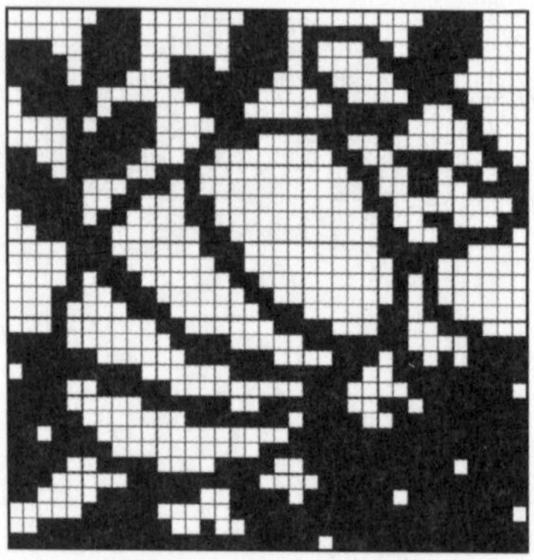

B75 스케이트보드 타는 개

B76 마임

B77 포니테일

B78 리코더

C79 앵무새

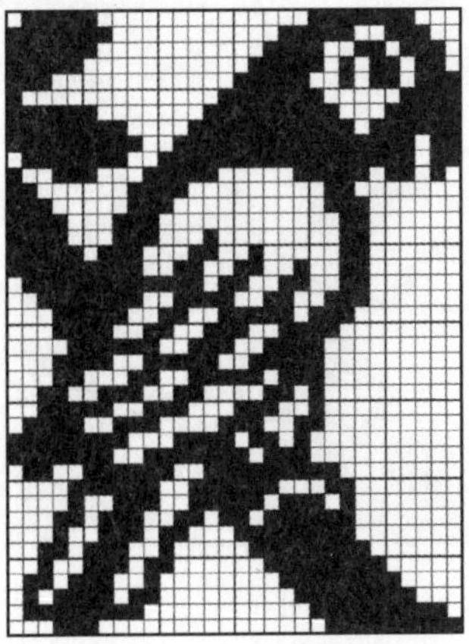

C80 사탕 뽑기

C81 해골

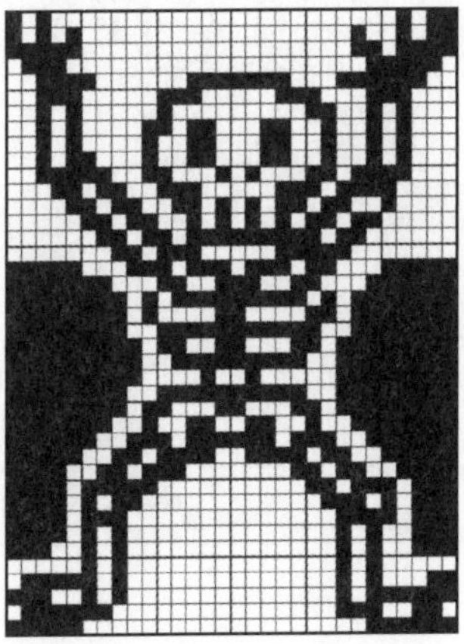

C82 약속

C83 레슬링

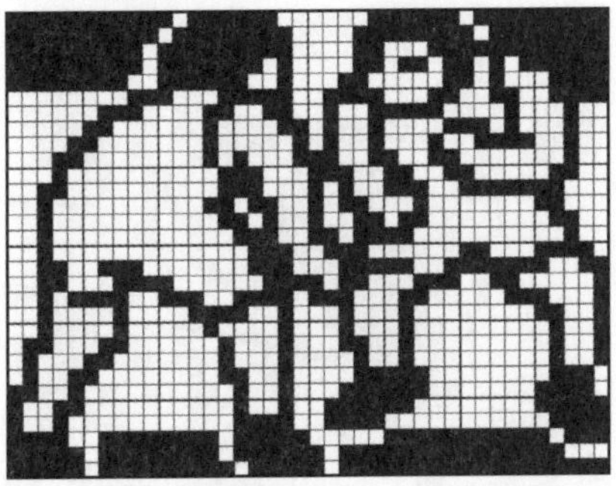

C84 코주부 안경

C85 새우잠

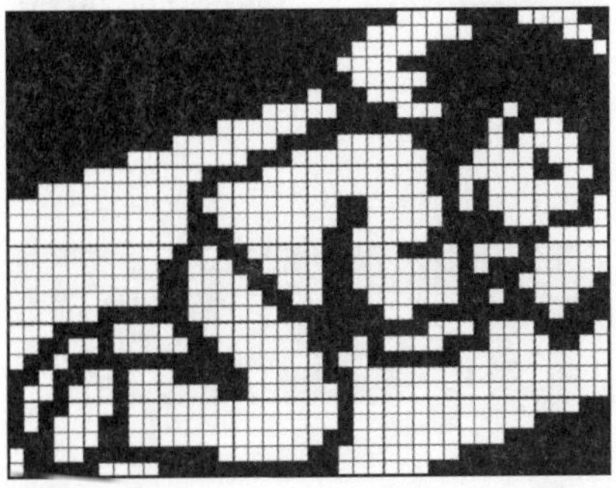

C86 팔굽혀펴기

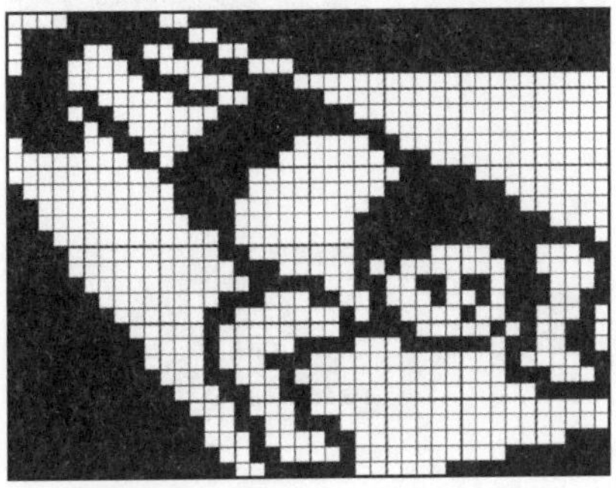

C87 심해아귀

C88 꽈당

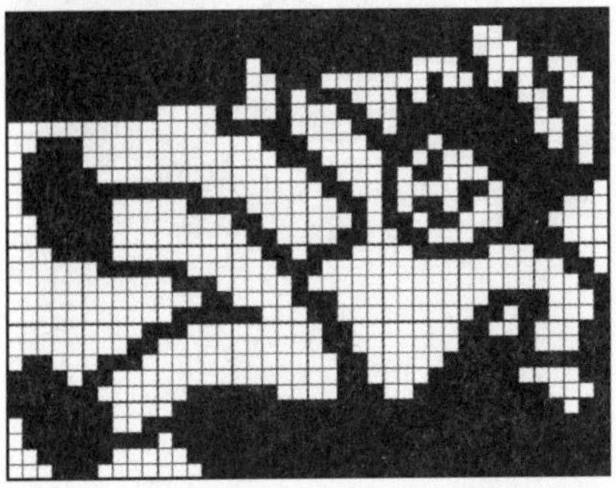

C89 백조

C90 주전자 묘기

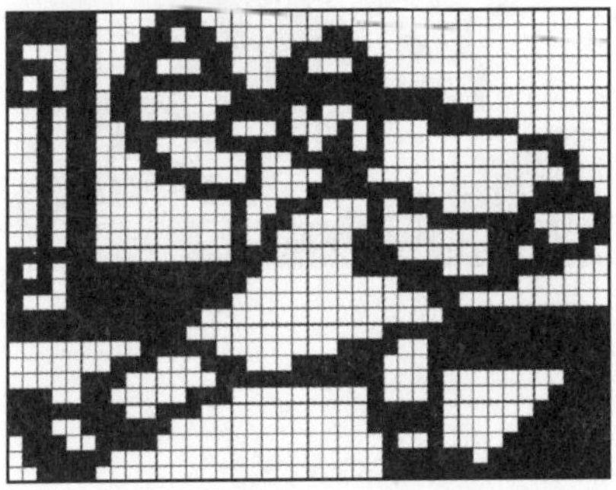

C91 피냐타

C92 커플 요가

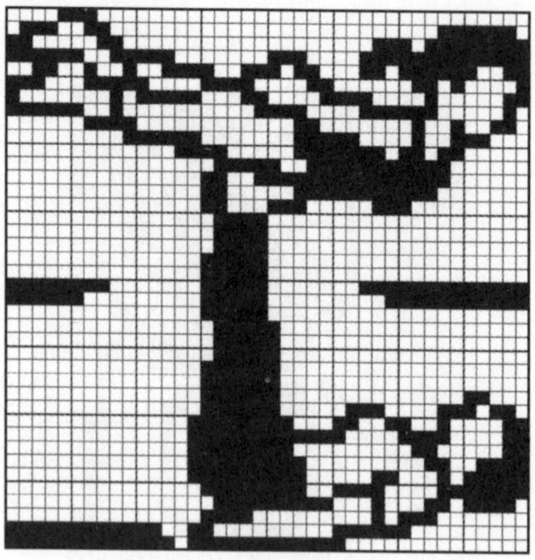

C93 바비큐

C94 감 따기

C95 발리스윙

C96 오리배

C97 요정

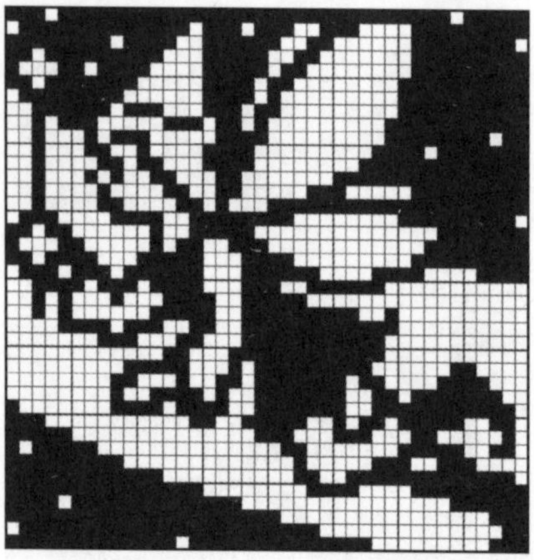

C98 모자장수

C99 수상 시장

C100 소년과 개

C101 상

C102 사자

C103 소녀 전사

C104 미녀와 야수

C105 화관

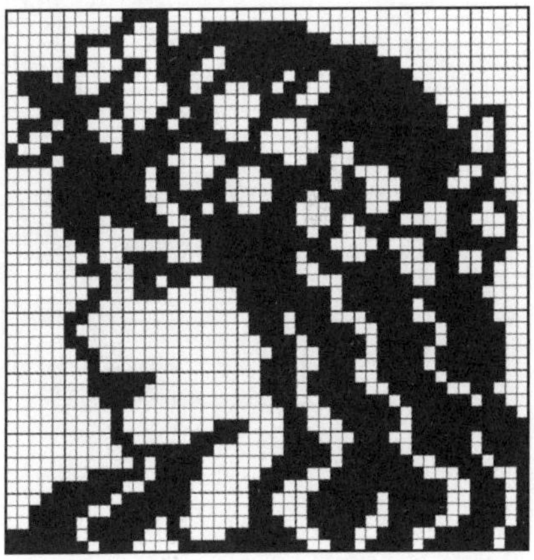

C106 클레오파트라

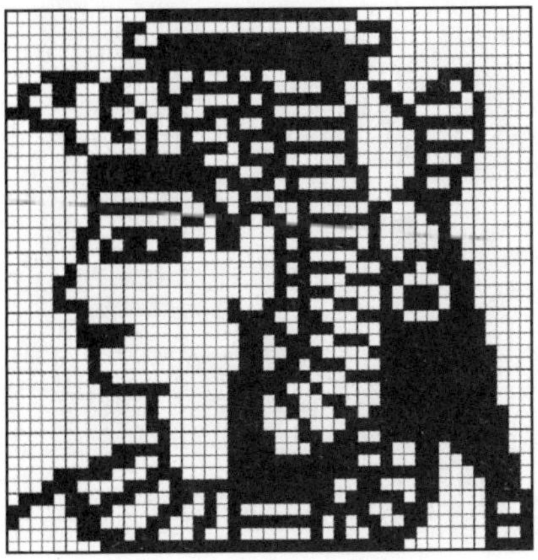

C107 비행기 조종사

C108 말괄량이

D109 살풀이춤

D110 폴댄스

D111 압사라 댄스

D112 코사크

D113 플라멩코

D114 힙합

D115 훌라댄스

D116 사자춤

D117 스윙 댄스

D118 파소도블레

D119 삼바

D120 캉캉